Günther Klempnauer

Christentum ist Brandstiftung

Die Jesus people im Kreuzfeuer

R. BROCKHAUS VERLAG WUPPERTAL

Copyright © 1972 by R. Brockhaus Verlag Wuppertal
Umschlaggrafik: Harald Wever, Wuppertal
Druck: Herm. Weck Sohn, Solingen

ISBN 3-417-00383-0

INHALTSVERZEICHNIS

I. Christentum ist Brandstiftung

Total ausgebrannt waren Tausende von Hippies und Rauschgiftsüchtigen, ehe das Feuer des heiligen Geistes sie zu neuem Leben entfachte. Heute glühen sie buchstäblich für Jesus, der gesagt hat: „Ich bin gekommen, um ein Feuer auf die Erde zu bringen, und wie sehr wünschte ich, es wäre schon entfacht." (Lukas 12, 49).

Es gibt Historiker und Soziologen, die von der größten und eindrucksvollsten Jugendbewegung der Weltgeschichte sprechen. Mittlerweile hat das lebenspendende Feuer der von Amerika ausgehenden „Jesus-Bewegung" auch England, Schweden, Holland und nicht zuletzt Deutschland erreicht.

Es begann in Amerika

Spontan und unorganisiert brach die „Jesus-Revolution" im Jahre 1967 fast gleichzeitig an verschiedenen Orten der Vereinigten Staaten aus. Der Schwerpunkt liegt in Kalifornien. Ein junger Christ namens Breck Stephans fuhr mit einem Lieferwagen zum Sunset Strip, dem Vergnügungszentrum von Los Angeles, und überredete etwa 30 rauschgiftsüchtige Hippies zum Gottesdienstbesuch in seiner Methodistenkirche. Das Wunder geschah. Einige heroinsüchtige Todeskandidaten öffneten sich der Botschaft, baten in anschließenden seelsorglichen Gesprächen Jesus um Vergebung ihrer Schuld und um Kraft zu einem neuen Leben. Die Ketten ihrer jahrelangen Rauschgiftsucht fielen von ihnen ab, und Jesus wurde die Mitte ihres Lebens.

Mit wahrer Begeisterung teilten die ehemaligen Süchtigen ihren Freunden in der Drogenszene die beglückendste Entdeckung ihres Lebens mit. Bereits im Sommer 1968 beeindruckte mich die schier unwiderstehliche Ausstrahlungskraft junger Christen in New York; sie waren teilweise 4 bis 9 Jahre heroinsüchtig, bis Jesus ihnen einen neuen Lebensstart schenkte.

Einbahnstraße zum Leben

Das unmißverständliche Zeichen der Jesus people ist der nach oben ausgestreckte Zeigefinger. Und ihr Motto heißt „One Way" (Einbahnstraße). Es gibt nur einen Weg zum Leben. Unübersehbar kann man es auf ihren Hemden und in den „Jesus-people-Zeitungen" lesen: „Jesus sagt: Ich bin der Weg, die Wahrheit und das Leben."

Und diese einst ausgeflippten Typen wissen genau, was sie bekennen; jahrelang waren sie auf der Suche nach Anerkennung, Geborgenheit und Freiheit. Alles haben sie erfolglos ausprobiert: Zuerst huldigten sie der Parole „Macht Liebe, nicht Krieg", aber ihre eigene Kraftlosigkeit ließ sie kapitulieren. „Macht Krieg, nicht Liebe", hieß der nächste Schritt, indem sie ihre eigenen Schuldkomplexe rücksichtslos auf die gewiß nicht schuldlose Gesellschaft abwälzten. Auch diese Masche zog nicht. Vorübergehend waren sie fasziniert von buddhistischen und hinduistischen Heilslehren, doch sie entdeckten in ihrer Seele nicht Ozeane von Glück, wie der indische Meditationskünstler Yogi Maharishi Mahesh lehrt, sondern Kloaken. Schließlich resignierten sie und flüchteten in den Rausch; die meisten von ihnen verließen ihr Elternhaus, genossen den bittersüßen Freiheitsrausch und stürzten sich verzweifelt in Sex- und Rauschgiftorgien. Und aus diesem Teufelskreis kamen sie nicht mehr heraus.

Che Guevara und die Revolution

Ich kenne einige Jesus people, die sich einst in den politischen Rausch flüchteten und die ganze Welt verändern wollten, nur nicht sich selbst. Ihr politisches Idol, der südamerikanische Freiheitskämpfer Che Guevara, hat einmal gesagt: „Wenn unsere Revolution nicht zum Ziel hat, den Menschen zu ändern, dann interessiert sie mich nicht." Nicht die unglaubwürdigen politischen Utopisten, sondern die Jesus people haben diese Wahrheit ins Leben umgesetzt, sie haben eine wahre Revolution erlebt. Die verlorenen

Söhne und Töchter versöhnen sich mit ihren Eltern, sie sitzen wieder auf der Schulbank oder haben ihre Arbeit aufgenommen, sie opfern Zeit und Geld, um andern zu helfen. Sie fliehen nicht mehr vor ihren Alltagsproblemen, sondern bewältigen sie mit Jesus, dessen Wort, die Bibel, ihnen Kraft, Trost und Wegweisung bedeutet. Und weil sie kindlich mit dem heiligen Geist rechnen, erfahren sie seine befreienden Wirkungen.

Wie die ersten Christen

Wo der heilige Geist wirkt, entsteht Unruhe; denn Gottes Geist läßt sich nicht in menschliche Schablonen pressen. Als die ersten Christen in Jerusalem mit dem heiligen Geist erfüllt wurden, brachen sie — zum Entsetzen der frommen Juden — in heilige Begeisterung aus.

Ich werde an eine Fernsehkritik über die Sendung „Jesus people" erinnert. Der Kommentator Peter Göpfert schreibt u. a.: „Was 30 Minuten lang über den Bildschirm lief, war ein religiöses Panoptikum, das einen mit Entsetzen und Faszination zugleich zurücklassen konnte. Vor dem Zuschauer entstand ein Bild von Religion, wie es als Kontrast zu den hierzulande sich manifestierenden Formen von Religiosität kaum schärfer gezeichnet werden konnte: mystische Gebetserfahrungen und Zungenreden in ekstatischen Gottesdiensten, spontane Bekehrungen und urchristliche Taufpraxis, christliche Kommunen und Wanderprediger."

Wer die aufgezählten christlichen Erscheinungsformen entsetzlich findet, muß konsequenterweise wesentliche Passagen aus der Apostel- und Kirchengeschichte streichen.

Als „religiöses Panoptikum" würde ich vielmehr die mit diabolischer Freude kommentierten Sendungen über hysterische Außenseiter („Wölfe in Schafskleidern") der Jesus-Bewegung bezeichnen (z. B. „Kinder Gottes — Vorsicht", 2. Fernsehprogramm am 5. 3. 1972).

Alles aber prüft, das Gute behaltet

Der Augenblick ist gekommen, wo die enthusiastischen, unerfahrenen Jesus-Kinder dringend auf biblische Unterweisung geistlich gesinnter Kirchenväter angewiesen sind. Ihre teilweise unkontrollierten und manchmal schwärmerischen Glaubensäußerungen müssen in geordnete Bahnen gelenkt werden, ohne den heiligen Geist zu dämpfen.

Der Apostel Paulus hat die jungen Christen in Korinth auch ermahnt: „Ich will mit dem Geist (in Zungen) beten, ich will aber auch mit dem Verstand beten." (1. Korinther 14, 15). Und den Christen in Thessalonich empfiehlt er: „Den heiligen Geist löscht nicht aus. Reden aus Eingebung verachtet nicht. Alles aber prüft, das Gute behaltet." (1. Thessalonicher 5, 19)

Drei Millionen Anhänger

Die Jesus-Bewegung zählt drei Millionen Anhänger, und sie hat ihren Höhepunkt noch nicht erreicht. Wichtig ist, die Spreu vom Weizen zu trennen; denn wo Gott seine Kirche baut, errichtet Satan gleich eine Kapelle nebenan.

Fragwürdige Jesus-Apostel schwimmen auch in Deutschland auf der Jesus-Welle mit. Mit dem Plakattext „Jesus Christus, Erlöser" lockte der exzentrische Schauspieler Klaus Kinski 3000 „Schaulustige" in die Berliner Deutschlandhalle (Ende 1971). In unflätiger Weise attackierte Kinski in seiner Ein-Mann-Show die aufgebrachten Zuhörer mit Jesus-Worten. Ein Reporter fragte, ob Jesus mit einem solchen Jünger wohl einverstanden wäre. Ärgerlich zog sich der Mime in seine Garderobe zurück und stärkte sich mit langen Zügen aus der Kognakpulle, bevor er zum nächsten Angriff überging. Als eine Gruppe Berliner Jesus people Kinski um eine Diskussion bat, forderte er ein Extra-Honorar: „Und das könnt ihr gar nicht bezahlen." Enttäuscht von seinen Fans, hat sich Kinski vorübergehend zurückgezogen. Umstritten ist auch die Jesus-Oper „Jesus-Pilz", eine deutschsprachige Pop-Interpretation biblischer

Geschichten, produziert und inszeniert von der Essener Folkrock-Gruppe Witthüser & Westrupp.

Jesus Christ Superstar

Fälschlicherweise wird die weltbekannte Rockoper „Jesus Christ Superstar" als Aushängeschild und Markenzeichen der Jesus-Bewegung angesehen. Zwei geschäftstüchtige Engländer, Texter Tim Rice (27) und Komponist Lloyd Webber (23), haben eine spektakuläre Jesus-Passion geschaffen, die als größter Erfolg der Broadway-Theatergeschichte gilt und von der drei Millionen Schallplatten bereits verkauft worden sind. Geschätzter Gesamterlös 20 Millionen Dollar.

Der dargestellte Superstar Jesus, mit menschlichen Ängsten und Schwächen behaftet, wird in der Rockoper von der Volksmenge beim Einzug in Jerusalem mit dem Lied empfangen: „Christ, du weißt: Ich liebe dich. Sieh nur her. Ich grüße dich. Ich glaube an dich und an Gott. So rette mich vom Tod . . . " War es damals nicht jene Volksmenge, die später schrie: „Kreuzige ihn."

Nicht der Gottessohn, sondern der Menschensohn am Kreuz steht im Vordergrund. So gibt der Texter Tim Rice offen zu: „Ich weiß nicht einmal, ob Jesus der größte Star der Superstars ist. Er ist für mich nur ein Mensch. Er hat jedoch größeren Einfluß auf die Menschen gehabt als irgendein anderer."

Wenn nur Christus verkündigt wird

The National Rock Opera aus den USA begann Ende Januar in der Dortmunder Westfalenhalle mit der Rockoper Jesus Christ Superstar ihre Europa-Tournee, die sie nach Düsseldorf, Frankfurt, Köln, Holland, Belgien und Frankreich führt.

Der amerikanische Manager Larry Elstun antwortete auf die Frage, was er von den Jesus people halte: „Ich meine, diese Bewegung ist sehr gut. Die Menschen aller Länder erinnern sich an den Namen Jesus. Ich bin ein Christ, und die Schauspieler sind ebenfalls Christen. Wir wollen gemeinsam den Namen Jesus, Gottes Sohn, zu allen Jugendlichen bringen, selbst zu denen, die nie von Jesus gehört haben."

Wenn aber in diesem „ersten totalen Medien-Spektakel in der Geschichte des Schaugeschäftes" auch noch Judas als sympathische Zentralfigur dargestellt wird, kann man schwerlich Paulus zitieren: „Wenn nur Christus verkündigt wird auf alle Weise, es geschehe zum Vorwand oder in Wahrheit, so freue ich mich darüber" (Philipper 1, 18).

Verständlicherweise identifizieren sich die Jesus people nicht mit „Jesus Christ Superstar". Für sie ist Jesus kein Superstar: sie sprechen von einem persönlichen Glaubensverhältnis zu ihrem Befreier Jesus Christus, dem gekreuzigten, auferstandenen und wiederkommenden Herrn.

Ihrem lebensfrohen Glaubensverständnis entspricht eher das Rock Biblical „Godspell" („Gott wörtlich nehmen") nach Originaltexten aus dem Matthäus-Evangelium, dessen deutsche Premiere in der Hamburger Hauptkirche St. Petri Ende Februar 1972 stattfand.

Hauptpastor Gunnar von Schlippe meinte: „Neutral kann bei diesem Stück niemand bleiben, dafür ist es zu stark. Es verändert jeden, der es sieht."

Jesus-Bewegung in Deutschland

Diese frohmachende Botschaft läßt auch die deutsche Jugend immer mehr aufhorchen. Hier einige Streiflichter: Ende letzten Jahres besuchten 3000 Jugendliche das erste Jesus-people-Treffen in Herne/Westfalen. An dem fünftägigen „Jesus-Festival" im Hamburger Messezentrum nahmen in der zweiten Dezemberhälfte insgesamt 12 000 junge Menschen teil: Jesus people bezeugten ihren Glauben an Jesus, der sie von ihren Süchten befreit hatte. In Kurzpredigten wurden die aufmerksamen Zuhörer mit der Erlösungsbotschaft von Jesus Christus bekanntgemacht.

Erweckliche Bekenntnislieder, von christlichen Bands begleitet, erklangen im Rhythmus unserer Zeit.

Das Nachrichtenmagazin „Der Spiegel" sprach vom „Poppietismus der Jesus people" und bedauerte offensichtlich, daß „es an diesen Abenden manchen armen Hascher auch erwischt habe". Für den Reporter scheint Haschisch besser zu sein als der befreiende Glaube an Jesus. Und was er als „Sekten-Ideologie" bezeichnet — nämlich „missionarischen Drang, Lust am Dienen und Entsagen und kindliche Wundergläubigkeit" —, ist in meinen Augen ein Ehrenprädikat für die Jesus people. Wer eine christliche Überzeugung gewonnen hat, sich aufopfernd für andere einsetzt, nicht mehr dem hemmungslosen Konsumzwang ausgeliefert ist und mit Gottes Beistand rechnet, wird von Materialisten und Atheisten an den Pranger gestellt. Geldmacher, Playboys und Hascher gelten als gesellschaftsfähig. Friedrich Nietzsche würde sich bestimmt freuen, denn jener militante Atheist forderte schon vor 100 Jahren die „Umwertung aller Dinge".

Heilsame Unruhestifter

Daß die „Jesus-Revolution" in vielen Teilen Deutschlands ankommt, bewiesen auch die im Februar 1972 stattgefundenen 3 „Offenen Abende" in der Siegerlandhalle, die fast 8000 jugendliche Besucher zählten.

Freilich darf man sich von Boulevard-Schlagzeilen wie „10 000 junge Deutsche haben sich den Jesus people angeschlossen" nicht blenden lassen, aber das erstaunlich zunehmende Interesse an der Christusbotschaft ist unverkennbar. So mußte die Berliner Jesus-people-Zeitung „One way" 1972 ihre Auflage von 5000 auf 15 000 erhöhen. Jesus-people-center gibt es inzwischen in Berlin, Frankfurt, Würzburg, Mannheim, Hamburg, Gießen, Bremerhaven und Köln.

Als brennende Fackeln des Evangeliums erhitzen die echten Jesus people vom Lügengeist erstarrte Gemüter. Weil sich die aufgescheuchten Konformisten und Pharisäer entlarvt fühlen und ihre Rolle gefährdet sehen, morden sie bedenkenlos den Ruf der neugeborenen, unbequemen und nicht von ihnen gezeugten Jesus-Kinder.

Der heilsamste Unruhestifter ist Jesus selbst, der eine gewissenlose Gesellschaft aufrüttelt: „Meint ihr, daß ich gekommen sei, Frieden auf der Erde zu schaffen? Nein, sage ich euch, sondern Entzweiung." Diese christliche Provokation bewahrheitet sich überall, wo Menschen — an Christus gebunden — mit den Waffen der Gerechtigkeit, der Liebe und der Demut menschenunwürdige Bastionen stürmen; sie sammeln feurige Kohlen auf die Häupter ihrer Feinde, würde Jesus sagen, d. h. sie entwaffnen ihre Gegner mit beschämenden Taten.

Feuer des Heiligen Geistes brennt weiter

Innerhalb der Jesus-Bewegung lodert manches Feuer der bloß seelischen Begeisterung für Jesus, geschürt von geschäftstüchtigen und psychologisch geschulten, zweifelhaften Elementen. Dieses Strohfeuer wird bald niedergebrannt sein.

Aber die vom heiligen Geist entflammten Jesus people — sie brennen teilweise schon vier Jahre — werden als wegweisende und läuternde Lichter weiterbrennen. Man kann das Phänomen nicht aus der Welt schaffen, daß buchstäblich Hunderttausende totgeweihter Rauschgiftsüchtiger durch den persönlichen Glauben an Jesus freigeworden sind, ein menschenwürdiges Leben begonnen haben und in aufopfernder Liebe ihren Mitmenschen begegnen. Diese Tatsache muß in einer wissenschaftsgläubigen und materialistisch-orientierten Welt zwangsläufig Verwirrung stiften.

Sören Kierkegaard — ein dänischer Christ und Philosoph — hat den beunruhigenden Satz geprägt:

„Wo einer Christ werden soll, muß Unruhe werden
Wo einer Christ geworden ist, wird Unruhe sein
Christentum ist Brandstiftung."

II. Was gehen uns die Jesus-people an

Bischof Dr. Hans-Otto Wölber besucht Hamburger Jesus-Center

Vier Tage vor dem ersten Hamburger Jesus-Festival (siehe S. 10) verschickte Dr. Hans-Otto Wölber — Hamburger Bischof und gleichzeitig leitender Bischof der Vereinigten Evangelischen Lutherischen Kirche Deutschlands (VELKD) — einen Rundbrief über seine persönlichen Erfahrungen mit Hamburger Jesus people an alle Hamburger Pastoren. — Der Nachdruck erfolgt auszugsweise. Die von Wölber verwandten Zitate sind dem „Jesus people-Report", Brockhaus Verlag, Wuppertal, entnommen; die Teilüberschriften sind nachträglich eingesetzt.

Was gehen uns die Jesus people an? Jetzt findet in Hamburg ein Jesus-Festival statt.

Die Ängste und das Unbehagen an dieser Kultur mußten irgendwo und irgendwann auch auf die „große Tradition" stoßen — auf Jesus. Ich habe Gespräche geführt und Besuche gemacht. Immer wieder habe ich gefragt, was ist eure Aufgabe, was ist eure Lebensgeschichte.

Im Hamburger Jesus-Center

Ich besuchte ein Jesus-Center und sprach mit einer deutschen Sonderschullehrerin, die um dieser Aufgabe willen ihren Beruf aufgab, und einem jungen Holländer. Ich ließ mir alles zeigen: die primitiv möblierten, sauberen Unterkünfte, die Kapelle für stundenlange, nächtliche Erweckungsgebete und den Raum, in dem sie miteinander speisen, wenn sie ihre Gebete unterbrechen. Dann hat mich der baptistische Prediger besucht, der wohl im wesentlichen die Hand darauf hält. Er brachte drei junge Leute mit, einen Schweizer und zwei Deutsche.

Es waren in ihrer Aufrichtigkeit und Gewißheit bemerkenswerte Berichte über frappierende Wendungen in ihrem Leben. Diese waren nach totaler Verfahrenheit und Verzweiflung eingetreten, als sie, um in ihrer Sprache zu sprechen, Jesus begegneten. Mit betonter Zuversicht und Fröhlichkeit erklärten sie immer wieder, wie entlastet sie sich fühlen. Sie trachten nach einem klaren Auftrag, den sie im Gebet suchen und erfahren. Die „Wirkung" scheint nicht in erster Linie von Evangelisten auszugehen, sondern von glaubwürdigen Lebensberichten von Mann zu Mann. Sie legen die Bibel aus, sie lassen sich taufen, sie legen einander die Hände auf und segnen sich. Dabei berichten sie von jenem eigenen Freiwerden. Da spielt dann nicht nur die Droge, sondern manches andere dunkle Kapitel in ihrem Leben eine Rolle. Sie sind bekannt in den Hasch-Zentralen, dort läßt man sie gewähren. Das Ganze trägt immer den Charakter der Spontaneität. Ganz deutlich ist es eine Bewegung, nicht eine Organisation. In dem Center ist ein Kommen und Gehen. Der Baptistenprediger sagte, ihre Schwierigkeit sei, daß das Team, von dem Hilfe und bestimmende Kraft ausgeht, sich immer wieder erneuern muß. Zugleich aber bedeutet dies auch immer neue Lebendigkeit. Nun wollen sie ihr Jesus-Festival in Hamburg halten. Sie sind gewiß, daß „Hamburg jetzt für Jesus dran ist".

Der Schlüssel ist Jesus

Was ist daran? Hier wird nicht der lange Marsch durch die Historie gemacht, hier wird Wirklichkeit unter Gott oder Jesus als unmittelbar zu erfahren und anzunehmen geglaubt. Welch eine Frage an diejenigen, die immer den garstigen Graben sehen, die interpretieren und analysieren und mühsam vergegenwärtigen! Archetypen, Gleichnisse, Urlaute der Bibel wirken hier direkt. Genau genommen ist es wohl überhaupt nur ein personales Jesus-Erlebnis. Die Bibel liefert das Material. Es ist kein Fundamentalismus, sondern ein Erfahrungslesen der Bibel. Der Schlüssel ist Jesus. Der Funke springt über, weil Jesus nicht historisch, sondern Wirklichkeit ist.

Be-geisterte Befreiungserfahrung

„Heute sind die Kirchen auf soziale Aktionen ausgerichtet. Nun scheinen die jungen Leute den Gemeinden wegzulaufen, weil sie den genau entgegengesetzten Weg einschlagen." Jedenfalls liegt hier eine wirkliche Alternative zur soziopolitischen Monotonie unserer Studenten-, Jugend- und Schularbeit vor. Diese Bewegung hat die Kategorie des einzelnen begriffen. In Entscheidungsfragen ist jeder von uns unvertretbar. Sie nennen es Bekehrung; sie erfahren Geist. Vielleicht bedeutet diese Zeit mit ihren Zwängen, daß zuerst der einzelne den Ausweg finden muß, und möglicherweise ist das mechanistische Demokratie-, Emanzipations- und Strukturgehabe, das uns in unserer Jugendarbeit sonst beschäftigt, schon gestrig. Die be-geisterte Befreiungserfahrung wird bei uns ja immer noch auf der Folie marxistischer Religionskritik als „Vertröstung" oder „Innerlichkeit" (Opium fürs Volk), als Unfähigkeit zur Veränderung diskriminiert. Müssen wir uns nicht fragen, ob uns nun die Richtung auf eine Alternative angedeutet wird?

Leben wir wie Jesus

Man sagte mir, wenn Jesus lebt, wenn an dieser Wirklichkeit etwas dran ist, dann muß man es testen. Wo anders könnte es besser möglich werden als bei denen, die der Droge verfallen sind? Wir testen Jesus. Sie ziehen los mit manchem Risiko, frei, weil Jesus wirklich ist. Es ist immer ein asketischer Unterton, keine Sorge für morgen um Essen und Trinken und Finanzen. Man hilft uns immer wieder so viel, wie wir brauchen. Übrigens: Sexprobleme normalisieren sich, weil Liebe einfach etwas anderes ist als Sextechnik, Nacktheit und Zusammenschlafen. Man begegnet den Satten, Reichen und den administrativ Erfolgreichen ohne Anfeindung. Man möchte nur unabhängig sein in jedem

Sinne. Mit anderen Worten, es ist Ethik der „Freiheit für ...". Ihr rigoristischer Trend kann leicht in Gesetzlichkeit umschlagen. Aber es ist faszinierend, wie vital diese Freiheit praktiziert wird, und zwar als Freiheit ohne Macht, aber Freiheit für einen Auftrag. Jesus liebt dich, du bist frei. Leben wir wie Jesus.

Puls: fieberhaft, Ergebnis: unbekannt

Was wird daraus? Die Bewegung „ist sehr real. Puls: fieberhaft, Tiefgang: noch ungewiß, Ergebnis: unbekannt. Schau sie dir an. Sie ist groß, sie wächst, vergiß, daß sie vielleicht nur von kurzer Dauer ist, vergiß das Morgen, heute ist sie lebendig und vibriert." Im Unterschied zu den offensichtlichen Massenbewegungen in Amerika ist es unter uns noch die „kleine Herde".

Aber soll man hier prophezeien? Amerikanische Stimmen schwanken. Die einen sagen: die Kirchen sollen sich öffnen, sie sollen integrieren, hier werden sonst leicht junge Leute in Extremismus verwickelt. Sie könnten durch phantastisch falsche Doktrinen verwirrt werden. Auch gibt es wie bei allen enthusiastischen Bewegungen bald Spaltungen. Darum, ihr Kirchen, kümmert euch drum. „Das bedeutet allerdings, daß sich die Gemeinden entscheidend ändern müssen."

Die andern sagen, es ist wie bei allen Erweckungsbewegungen, sie gehen quer Beet, man darf sie nicht anbinden und institutionalisieren. Der Weg zu den Kirchen geht über den einzelnen. Er wird auf seiner Lebensbahn dann irgendwo seinen Platz finden.

In kritischer Offenheit Jesus People lieben

Ich meine, man muß in kritischer Offenheit etwas lieben können, was so sehr sich auf die Bibel gründet und so sehr mit der Wirklichkeit Jesu Christi rechnet. Ist Jesus eine Wirklichkeit oder nur ein Garderobenständer, gemacht aus Historie und revolutionärer Philosophie? Wie unmittelbar gilt die Bibel? Hungern wir nicht nach einer Bewegung des Geistes? Man sollte die Maßstäbe, die wir anzulegen gedenken, immer noch einmal überlegen, wenn etwas Ungewöhnliches geschieht. Das paßt natürlich alles schwer mit der alten Kirche zusammen, auch nicht mit den Liturgien aus den Archiven und unseren hochdifferenzierten Diskussionen, wenn man so schlicht daher kommt und sagt: ich habe Jesus erlebt. Freilich ist die Kirche weiter als dieses. Die Kirche hat die Geschichte auch zu verantworten und andere Bilder des Glaubens und der Frömmigkeit, und sie muß eine viel umfassendere Auseinandersetzung mit dem Menschengeist von heute wagen. Aber Nachdenkenswertes und Ernstzunehmendes gibt es hier wahrlich genug. Ich kann mir keine Jugendarbeit in den Gemeinden und „zentral" denken, die sich diesem Thema nicht stellt. Nebenbei bemerkt haben wir jetzt DM 1000,— auf ein Konto für das Jesus-Festival überwiesen — ein hilfloser Reflex.

III. Hinter den Kulissen der Berliner Jesus-Kinder

Interview mit Reverend Volkhard Spitzer, Berlin. Freikirchlicher Pastor und Gründer der ersten deutschen „Jesus people-Gruppe"

K.: Berlin ist eine Reise wert, nicht zuletzt wegen der hundert jungen Leute, die im letzten Jahr (1971) durch den Glauben an Jesus Christus von ihrer Rauschgiftsucht befreit worden sind. Sie nennen sich „Jesus people" und nehmen für sich in Anspruch, die erste Jesus-people-Gruppe in Deutschland zu sein. Was haben Sie als freikirchlicher Pastor der „christlichen Missionsgemeinschaft Berlin" mit dieser Jesus-Bewegung zu tun?

Spitzer: Zunächst möchte ich betonen, daß die Berliner Jesus people Gruppe unabhängig von der amerikanischen Bewegung entstanden ist.

Karin war die erste

Es war Anfang Januar 1971, als nach einer missionarischen Abendveranstaltung in unserm Missionszentrum am Berliner Nollendorfplatz ein sechzehnjähriges junges Mädchen mich um ein persönliches Gespräch bat. Sie war aus ihrem Elternhaus geflohen, lebte in einer Kommune, konsumierte regelmäßig Hasch und LSD.

„Heute abend bin ich von Ihrer Jesus-Botschaft angesprochen worden", vertraute sie mir an. „Ich kann nicht mehr so weiterleben wie bisher; ich möchte von dem ‚Stoff' loskommen. Wenn es wahr ist, daß es ein neues Leben aus Gott gibt, wie Sie in Ihrer Predigt behauptet haben, möchte ich diese Erfahrung machen."

K.: Aus Fernseh- und Rundfunksendungen weiß man inzwischen, wer dieses Mädchen ist; sie heißt Karin und schämt sich nicht, ihre Geschichte zu erzählen. Wie kamen Sie nun an jenem Abend mit Karin ins Gespräch?

Spitzer: Zuerst versuchte ich ihr deutlich zu machen, daß ihr Kernproblem nicht die Rauschgiftsucht, sondern das sinnlose Leben sei. Und die Drogen sollten ihre seelischen Nöte zum Schweigen bringen.

Ich sprach von Jesus, der um ihrer Schuld willen gestorben und auferstanden sei. Er würde ihr die Kraft zu einem neuen Leben schenken, wenn sie sich ihm anvertraute.

Dann beteten wir miteinander, und Karin bat um die Vergebung ihrer Schuld und um die Erfahrung seiner Liebe.

Sie war überglücklich

Nach einigen Tagen rief Karin mich an: „Seitdem Sie mit mir gebetet haben, bin ich überglücklich. Es hat gefunkt. Jesus ist mein Herr."

K.: In der Fernsehsendung „Jesus von Nazareth" ist Karin von einem Reporter interviewt worden. Ich habe ihr Bekenntnis auf Tonband festgehalten. Hier einige Auszüge:

„Mein Vater ist Rektor und meine Mutter Jugendpflegerin. Meine Eltern wissen eigentlich, wie man mit Jugendlichen umgehen muß. Aber sie konnten mir trotzdem nicht helfen. Ich war unheimlich aggressiv und habe in den letzten drei Monaten nicht mehr zu Hause gewohnt. — Und dann habe ich Jesus Christus in mein Leben aufgenommen und bin wieder nach Hause gegangen zum großen Erstaunen meiner Eltern. Meine Eltern waren keine Christen. Mein Verhältnis zu meinen Eltern und meine Einstellung zur Schule haben sich total geändert. Jeder, der mich von früher kennt und mir jetzt begegnet, macht sich Gedanken über Gott. Alle hatten mich schon aufgegeben; sie können das Wunder einfach nicht begreifen, das Gott an mir getan hat."

Spitzer: Karin versteht sich heute mit ihren Eltern prächtig. Ihr Vater wollte vorher nichts vom christlichen Glauben wissen. Heute besucht er zusammen mit seiner Frau unsere Gottesdienste.

Missionarischer Einsatz in Haschkneipen

Karin wurde nun missionarisch aktiv. Aus der Drogenszene schleppte sie zwei Freundinnen am Sonntagmorgen
in unsern Gottesdienst. Sie bekehrten sich auch zu Jesus,
obwohl der LSD-Konsum an ihnen nicht spurlos vorüber-
gegangen war. An den darauffolgenden Tagen wurde ich
nachts aus dem Bett geklingelt; ihre Entziehungserscheinungen (vor allem „LSD flash back" = Nachräusche) waren mit Wahnvorstellungen verbunden und führten zu
Glaubenskrisen. Sie kamen, Gott sei Dank, durch.

Auch in ihnen erwachte der missionarische Eifer. Inga,
16, war eine Dealerin (Rauschgifthändlerin) und hatte
viele Jugendliche auf dem Gewissen. Vorher ging sie über
Leichen und verkaufte ihre Drogen ohne Rücksicht auf
Verluste. Hauptsache, ihre Kasse stimmte. Jetzt packte sie
Verantwortungsgefühl und Mitleid.

Kurz entschlossen suchten die neubekehrten jungen
Mädchen alle Haschkneipen auf, in denen sie sich früher
herumgetrieben hatten. Fixer und Hascher waren irritiert,
hörten aber aufmerksam hin: „Wir haben Jesus kennengelernt, er macht uns nicht kaputt, er hat uns ein neues Leben geschenkt." Und die Neugierigen strömten in unsern
Gottesdienst.

Unwiderstehliche Ausstrahlungskraft

K.: Sie haben sich gewiß mit den gesellschaftlichen
Außenseitern nach dem Gottesdienst unterhalten. Was hat
diese Hippies letztlich dazu bewogen, die Einladung der
jungen Mädchen anzunehmen?

Spitzer: Ich habe ihnen selbst diese Frage gestellt. Wahrscheinlich wird ihre eindeutige Antwort einen Theologen
enttäuschen: „Wir sind nicht gekommen, weil die Mädchen
so fromm reden konnten. Die waren so nett zu uns. Denen
strahlte die Freude aus den Augen. Deshalb wurden wir
neugierig und wollten wissen, was dahintersteckt." Die
langhaarigen und barfüßigen Hippies besetzten einen gan-

zen Flügel im Gemeindesaal. Ein ungewohnter und provozierender Anblick für die etablierten Gemeindeglieder, die auf der andern Seite saßen und mißtrauische Blicke hinüberwarfen.

Über Hiroshima nach Berlin

K.: Bevor Sie über die weitere Entwicklung der Jesus people-Bewegung in Berlin berichten, sollten Sie einen Einblick in die Geschichte Ihrer evangelischen Freikirche geben.

Spitzer: Unsere „Christliche Missionsgemeinschaft" ist aus einer Zeltmissionsarbeit unmittelbar nach dem zweiten Weltkrieg entstanden. Neben der Kaiser-Wilhelm-Gedächtniskirche stand ein großes Viermasten-Zelt (heute befindet sich dort das Europa-Center), in dem der amerikanische Evangelist Harold Hermann vier Jahre lang predigte. Hermann hatte nicht Theologie studiert, sondern war in den Filmstudios in Hollywood tätig. Bei Dreharbeiten in Hiroshima unmittelbar nach Abwurf der Atombombe traf ihn zum erstenmal die Sinnfrage seines Lebens. Er wurde Christ, gab seinen Beruf in Hollywood auf und gründete u. a. ein evangelistisches Zentrum in Berlin.

Aus dieser missionarischen Arbeit entstand unsere Gemeinde, die heute zweihundert Mitglieder und etwa dreihundert Freunde zählt.

Eine ungewöhnliche Berufung

K.: Und wie sind Sie nach Berlin und in diese Gemeinde gekommen?

Spitzer: In Süddeutschland aufgewachsen und zur Schule gegangen, studierte ich nach meiner kaufmännischen Lehre als Großhandelskaufmann an einem "Bible College" in England.

Nach einigen Monaten mußte ich, von Gottes Geist getrieben, wie ich glaubte, wieder nach Deutschland zurückkehren. Ich war davon überzeugt, daß eine Gemeinde mich zum Prediger berufen würde. Obwohl ich bewußt nichts unternahm, mußte ich in einer kleineren Gemeinde eine Probepredigt halten. Aber die Gemeinde entschied sich gegen mich; ich war erst einundzwanzig Jahre alt. Mein Glaube kam ins Wanken, und ich haderte mit Gott. Einige Tage danach stellte ich mich in Stuttgart vor, auch ohne Erfolg. Auf dem Flur traf ich einen mir unbekannten Mann, der zufällig in Stuttgart zwischengelandet war, weil er wegen heftiger Zahnschmerzen einen ihm befreundeten Dentisten aufsuchen wollte. „Junger Mann, Sie müssen nach Berlin kommen", sprach er mich unvermittelt an. „Woher wissen Sie das?" fragte ich ihn. „Meine Gemeinde in Berlin hat Gott darum gebeten, er möge ihr doch zwischen dem 15. und 30. September einen jungen Mann schicken, um mich abzulösen. Heute ist der 18. September." Harold Hermann stand mir gegenüber. Ich nahm den Ruf an, nachdem die Berliner Gemeinde mich einstimmig gewählt hatte. Inzwischen sind sieben Jahre vergangen. Aber diese Gemeinde bestand bis zur Jesus-people-Bewegung fast nur aus älteren Leuten zwischen 40 und 80 Jahren. Die meisten waren in den ersten Nachkriegsjahren zum Glauben gekommen. Es gelang mir einfach nicht, eine größere Zahl Leute für unsere missionarische Aufgabe zu gewinnen.

Aufgelockerter Gottesdienst

K.: Die jungen Leute, sprich Jesus people, bilden heute den Kern Ihrer missionarischen Mannschaft. Im Januar 1971 bekehrte sich Karin, und im April waren es schon vierzig Jesus people, die Ihre Gottesdienste regelmäßig besuchten.

Wie gestalten Sie nun einen solchen Gottesdienst?

Spitzer: Man könnte ihn mit den Evangelisationsveranstaltungen von Billy Graham vergleichen. Wir singen gemeinsam erweckliche Lieder und Chorusse, junge Leute singen mit Gitarrenbegleitung Songs der frohen Botschaft. Hin und wieder ergänzen Gemeindeglieder die Predigt durch persönliche „Zeugnisse". Neben improvisierten Formen kennen wir natürlich auch feste Bestandteile, die zu jedem Gottesdienst gehören: Gebet, Fürbitte, Predigt und Opfersammlung.

Hippies entschärfen Bombe des Vorurteils

K.: Werden die Jesus people von den älteren Gemeindegliedern als „vollwertige" Christen anerkannt?

Spitzer: Anfangs war die Atmosphäre gespannt.

Die Jesus people wagten den ersten Vorstoß, um ein geistliches Klima zu schaffen. Im Gottesdienst setzten sie sich zwischen die Gemeindeglieder und begleiteten sie teilweise auf dem Nachhauseweg.

Als sich ein Mädchen, das aus München kam, zu Jesus bekehrte und in unserer Gemeinde aktiv wurde, meinte es: „Wir Jesus people sollten uns nicht nur um Drogensüchtige kümmern, sondern auch um die Alten in der eigenen Gemeinde." Darum forderte sie die älteren Glieder auf, sich bei ihr zu melden, wenn sie auf Hilfe (häusliche Arbeiten usw.) angewiesen seien.

Heute sind die Alten stolz auf die Jungen und sprechen von „unsern Brüdern und Schwestern".

„Nee, das ist er nicht!"

K.: Hat sich inzwischen das äußere Erscheinungsbild der Jesus people geändert? Oder tragen sie immer noch verwaschene „blue jeans", lange Haare und Bärte?

Spitzer: Wir halten ihnen keine Knigge-Vorlesungen. Aber wir studieren mit ihnen gemeinsam die Bibel und überlassen es dem heiligen Geist, sie innerlich anzusprechen. Es ist uns völlig gleichgültig, ob sie lange oder kurze Haare tragen. Entscheidend ist die veränderte Lebenshaltung.

Vor kurzem erschien ein junger Mann mit kurzgeschnittenen Locken im Gottesdienst. Ein ungewohnter Anblick für die Gemeinde; denn bis dahin ließ er sich eine extrem buschige Mähne stehen (Afro-Look). Die Reporterin einer Berliner Tageszeitung war zufällig Zeuge einer Unterhaltung von zwei älteren Frauen: „Das ist er doch", sagte die eine. „Nee, das ist er nicht", erwiderte die andere. „Er ist es bestimmt." „Wirklich? Der sieht ja jetzt richtig manierlich aus." Nicht alle lassen sich die Haare stutzen und wechseln ihre „Uniformen" aus. Aber im Gegensatz zu früher machen sie heute reichlichen Gebrauch von Wasser und Seife. Sie sind ordentlich gekleidet und machen einen erstaunlich gepflegten Eindruck.

Teestube „One Way"

K.: Im Laufe eines Jahres sind nun etwa hundert „ausgeflippte Typen" zu Ihnen gestoßen. Wollen alle in Ihre Gemeinde aufgenommen werden?

Spitzer: Wir haben sie nicht gefragt, ob sie aufgenommen werden wollen. Viele Jesus people schließen sich allerdings unserer Gemeinde an, weil sie hier ihre geistliche Heimat gefunden haben und sich nach einer festen Gemeinschaft sehnen. Andere wollen unabhängig bleiben und nur lose dazugehören.

Inzwischen haben wir gemerkt, daß die Gemeindeveranstaltungen die Freizeit und die Anforderungen der jungen Leute nicht ausfüllen. Darum haben wir in der Mannsteinstraße (Berlin-Schöneberg) eine Fahrschule umgebaut zu einer Teestube, die den Namen „One Way" trägt. (Ein Weg führt zu Gott. Jesus sagt: Ich bin der Weg).

Seit April 1971 ist diese „Ladenkirche" Freitag-, Samstag- und Sonntagabend von 20 bis 24 Uhr geöffnet.

Hier sind die Jesus people mehr oder weniger unter sich und können ihren eigenen missionarischen Stil entwickeln. Durch diese Teestubenarbeit erlebte die Bewegung einen ungeheuren Aufschwung.

Jeder Gast bekommt kostenlos eine Tasse Tee und eine Schmalzstulle serviert. Die aufgelockerten Gespräche kreisen fast immer um Jesus. Die Jesus people müssen pausenlos Rede und Antwort stehen.

An den Wänden hängen bunte Poster aus Amerika, die Jesus zeitgemäß darstellen: „Jesus ist der Befreier" oder „Jesus ist wie eine Brücke über reißendes Wasser."

Saubere Atmosphäre

K.: In einem Rundfunkkommentar wurden die Jesus people ein wenig ironisch als die „christlichen Saubermänner" bezeichnet. Ferner müßten sie bestimmte Ordnungen einhalten: sie rauchen nicht, sie trinken keinen Alkohol, und sie meiden den vorehelichen Geschlechtsverkehr. In der Teestube „One Way" darf z. B. auch nicht geraucht werden.
Warum nicht?

Spitzer: Gerade die saubere Luft in unserer Teestube wird von den Jugendlichen als wohltuend empfunden.
In einer Kaschemme sieht man den andern vor lauter Rauchschwaden nicht mehr. Und wir möchten doch dem andern begegnen.

Außerdem ist das Rauchverbot eine Schutzmaßnahme für die ehemaligen Süchtigen. Wer von ihnen nach der Entziehung raucht, wird viel schneller rückfällig. Und schließlich haben wir beobachtet, daß mancher Besucher mit der rauchenden Zigarette ein Stück seines Lebens mitbringt. Sobald wir ihm seine Zigarette nehmen, wird er hilflos wie ein Säugling, dem man den Schnuller wegnimmt. Er fühlt sich oft ohne Zigarette wehrlos und weiß nicht, was er mit seinen Händen anfangen soll. Es ist kaum zu glauben, aber wahr: Ohne Zigarette sitzen sie da wie eine offene Festung, die gestürmt werden kann. Natürlich sagen wir nicht, Rauchen sei Sünde. Aber die Zigarette täuscht oft eine falsche Sicherheit vor und kann einen Menschen versklaven.

Verdorben durch Sexorgien

K.: Es wird ebenfalls Anstoß genommen an den Sex-Normen, die für das Zusammenleben der Jesus people gelten.

Spitzer: Niemand wird von uns verachtet, der die von uns gesetzte „Norm" nicht erfüllt (d. h. kein Geschlechtsverkehr vor der Ehe). Wir wissen, daß junge Leute unaufhörlich ein massives Sex-Bombardement über sich ergehen lassen müssen. Da gibt es manche Opfer zu beklagen. Aber wir versuchen unsern Jesus people die biblische Erkenntnis zu vermitteln, daß die Sexualität eine gute Gabe Gottes ist, die jedoch erst in der Ehe ihre eigentliche Sinnerfüllung erfährt.

K.: Wie reagieren die Jesus people auf dieses Argument?

Spitzer: Im allgemeinen sind sie damit einverstanden. Besonders jene Jugendlichen, die wüste Sexorgien bis zum Ekel praktiziert haben, verstehen die biblische Norm.

Vor allem den Mädchen, die ein ausschweifendes Leben hinter sich haben, fällt es ungemein schwer, wieder ein positives Verhältnis zur Sexualität, aber auch zum männlichen Partner zu bekommen.

Liebe — was ist das?

Vergessen Sie nicht, daß die meisten Jesus people zu Hause nie Liebe erlebt haben. Ungestillte Sehnsucht trieb sie in die Arme eines Partners, mit dem sie experimentierten, ohne — wie gesagt — zu wissen, wie echte Liebe aussieht. Oftmals wurden sie dann bitter enttäuscht. Ein Mädchen sagte mir: „Mein Partner befriedigte sich selbst durch mich, er suchte nur den Orgasmus, aber nicht mich." Solche Erfahrungen haben sie frustriert. Darum glaubten sie nicht mehr an Liebe. Wir fangen wieder von vorn an.

Wer sprengt den Teufelskreis?

K.: Theologen und Psychologen fragen sich, warum ausgerechnet die „kaputten Typen" aufgeschlossen sind für die Botschaft von Jesus Christus. Menschlich gesprochen treibt der ungestillte Hunger nach Liebe und Geborgenheit die vaterlosen Kinder ans Vaterherz Gottes.

Spitzer: Im Evangelium steht: „Die Gesunden bedürfen des Arztes nicht, aber die Kranken." Der Rauschgiftsüchtige hat alles ausprobiert, doch ohne Erfolg. „Ich bin nur noch ein Haufen Scheiße", pflegt er zu sagen.

Ich denke an einen neunzehnjährigen Fixer, der an Leberzersetzung litt und nur noch ein Vierteljahr zu leben glaubte. Als er nach der dritten Entziehungskur wieder rückfällig wurde, trampte er nach Dänemark und schlug in einer menschenleeren Gegend sein Zelt auf, um den „cold turkey" (kalter Entzug) durchzustehen. Dazu gehört ein unbändiger Wille; denn die Entziehungserscheinungen sind grausam. Er wollte einen heilsamen Schock erleben.

Sobald er wieder nach Berlin zurückgekehrt war, konnte er der Versuchung nicht widerstehen. Der Teufelskreis schloß sich.

Jesus sagt selbst: Was bei Menschen unmöglich ist, macht Gott möglich. Und wer durch den Glauben an Jesus von seiner Sucht befreit wird, ist außer sich vor Freude.

Mädchen gleichen kleinen Engeln

K.: Die ekstatischen Glaubenserfahrungen der bekehrten Süchtigen stoßen einen unbeteiligten Beobachter ungemein ab. Sie haben selbst einmal gesagt, die Jesus people würden in den ersten vier Wochen schweben, aber danach wieder den Boden der harten Wirklichkeit betreten. Können Sie dieses Bild erläutern?

Spitzer: In der ersten Zeit ihres neuen Lebens mit Gott ist das Glücksgefühl der Jesus people außergewöhnlich stark. Die Pietisten sprechen von der ersten Liebe. Besonders die Mädchen haben eine enorme Ausstrahlungskraft und sehen manchmal aus wie kleine Engel.

Allmählich werden sie konfrontiert mit ihren Lebensproblemen. Der nüchterne Kampf des Glaubens setzt ein, und die ekstatischen Glaubenserfahrungen kommen unter Kontrolle.

K.: Wie beschrieben die Jesus people das sie überwältigende Glücksgefühl?

Spitzer: Meistens sagen sie: „Ich weiß, Jesus ist in mir. Jesus lebt. Jesus liebt mich." Wenn Nichtchristen sie nach diesem Glücksgefühl fragen, antworten sie: „Ach, das ist so herrlich. Mit Worten kann ich das gar nicht beschreiben, das mußt du selbst erleben." Manchmal umschreiben sie ihr Glücksgefühl so: „Gott ist für mich persönlich da. Ich fühle mich wieder angenommen und geliebt. Gott hat mit meinen Schuldkomplexen aufgeräumt. Eine Zentnerlast ist von mir abgefallen."

Amerikanische Jesus people sind enthusiastischer

K.: Ich komme noch einmal auf das ekstatische Element in der Jesus-Bewegung zurück, das bei den amerikanischen Jesus people besonders stark ausgeprägt ist. Haben Sie Vergleichsmöglichkeiten?

Spitzer: Kürzlich besuchte uns die amerikanische „Time"-Redakteurin, die den berühmt gewordenen Artikel „Jesus-Revolution" für ihr Nachrichtenmagazin geschrieben hat. Im Gegensatz zu den Jesus people in USA, so sagte sie, seien die Berliner fast introvertiert. Natürlich kommt es vor, daß eine stille Gebetsgemeinschaft plötzlich umschlägt in vernehmbares Seufzen und Flehen, wenn Gottes Geist z. B. einen suchenden Menschen anrührt, der unter uns ist.

Als die achtzehnjährige Assi — sie hatte ein wüstes Leben hinter sich — die geistliche Atmosphäre in unserer Teestube spürte und an unserer Gebetsgemeinschaft teilnahm, schrie sie spontan auf: „Gott, ich bin eine Sünderin. Hilf mir und vergib mir meine Schuld."

Wir beteten gemeinsam für sie, und sie erlebte die befreiende Macht Jesu. (Assi hatte übrigens nach ihrer Bekehrung keine Entziehungserscheinungen). Diese ekstatischen Symptome sind typisch für alle christlichen Erweckungsbewegungen.

Jesus people reden in anderen Zungen

K.: Sowohl in den Pfingstgemeinden als auch bei den Jesus people in Amerika ist die charismatische Gabe des Zungenredens nicht unbekannt; sie gilt in den Pfingstgemeinden teilweise sogar als Zeichen der „Geistestaufe":
Wie äußert sich dieses Phänomen bei Ihnen?

Spitzer: In unserer Gemeinde haben wir nur über Jesus gepredigt. Die Jesus people wußten aufgrund unserer gemeinsamen Bibelstudien noch nichts von den Gaben des heiligen Geistes. Eines Tages erzählte mir ein Mädchen, es hätte in der letzten Nacht zusammen mit zwei andern Mädchen für die Teestubenarbeit gebetet, als plötzlich eines der beiden anderen Mädchen die Hände emporreckte und in einer fremden Sprache zu reden anfing. Das Mädchen wußte selbst nicht, was sie geredet hatte. Kurz darauf hätten sie alle diese Gabe bekommen. Sie hätten sich in jenen Augenblicken mit Gott besonders eng verbunden gefühlt.

Das Mädchen war nicht wenig erstaunt, als ich sie auf die Gabe des „Zungenredens" im 14. Kapitel des 1. Korintherbriefes aufmerksam machte.

Inzwischen hat eine kleine Gruppe (10 Prozent) der Jesus people die Gabe des Sprachenredens empfangen.

„Ich will mit dem Geist beten" (Paulus)

K.: Ihnen ist bekannt, daß amerikanische Jesus people in ihren gottesdienstlichen Zusammenkünften auch „in andern Sprachen" reden. Kommt das auch in Berlin vor?

Spitzer: In den Gottesdiensten und missionarischen Veranstaltungen redet bei uns niemand in „Zungen".
In unsern Bibelbetrachtungs- und Gebetsstunden kommt es gelegentlich zum „Sprachenreden".

K.: Sie haben auch diese charismatische Gabe. Was bedeutet sie Ihnen?

Spitzer: Wenn mich persönliche oder fremde Not förmlich erdrückt und ich nicht mehr weiß, wie ich diese Probleme vor Gott aussprechen soll, bedeutet es für mich eine ungeheure Befreiung, wenn nicht mein Verstand, sondern mein Geist betet (siehe 1. Kor. 14,14). Nach einem hektischen Arbeitstag mache ich von der Gabe des Sprachenreden kaum Gebrauch. In der persönlichen Stille vor Gott überkommt mich oft dieses beglückende Erlebnis, das ich aber jederzeit kontrollieren kann.

Gabe der Krankenheilung

K.: Nun erwähnt das neue Testament nicht nur die Gabe des Zungenredens, sondern z. B. auch die Gabe der Krankenheilung.

Spitzer: Einige Berliner Jesus people haben spontan mit Kranken gebetet, die gesund geworden sind. Sie hatten vorher nichts von charismatischen Gaben der Krankenheilung im neuen Testament gewußt.

Der Geschäftsführer unserer Gemeinde mußte jahrelang ein Stahlkorsett tragen. Seine Beckenschaufel war bei einem Unfall gebrochen und über Kreuz gestellt. Der o. g. amerikanische Evangelist Harold Hermann, dem Gott die Gabe der Krankenheilung geschenkt hatte, betete für ihn. Als er am selben Abend nach Hause kam, entfernte er das Stahlkorsett und sagte zu seiner Frau: „Ich bin geheilt." Die Schwerbeschädigtenrente wurde ihm entzogen. Seitdem kann er wieder arbeiten.

In der letzten Woche besuchte Bruder Kretzschmar (Geschäftsführer) — ich war verhindert — eine Frau aus unserer Gemeinde, die am darauffolgenden Montag operiert werden sollte; die Ärzte befürchteten einen Magendurchbruch, weil sie mehrere Magengeschwüre hatte. Bruder Kretzschmar bat Gott um einen guten Verlauf der Operation, schloß aber eine Heilung durch Gott nicht aus.

Am nächsten Tag wurde die Frau noch einmal geröntgt. „Was ist denn jetzt passiert?", fragte der Arzt, als er sich die Aufnahmen anschaute. Die Magengeschwüre waren weg, nur feine Narben waren zu sehen.

Bekehrte Süchtige ohne Entziehungserscheinungen

K.: In diesem Zusammenhang denke ich an das Phänomen, daß bekehrte Rauschgiftsüchtige oft keine Entziehungserscheinungen haben. Mediziner und Psychologen sprechen von einem Wunder. Haben Sie auch solche Wunder erlebt?

Spitzer: Fast alle Süchtigen sind labil. Die Entziehungserscheinungen bei Hasch- und LSD-Benutzern äußern sich anders als bei den Fixern. Es ist für uns schon ein Wunder, daß nur 20 bis 25 Prozent der bekehrten Drogenabhängigen wieder rückfällig werden; denn wir hatten bisher keine Möglichkeit der Rehabilitation, wir mußten sie zurückschicken in ihre alte Umgebung. Die Evangelische Landeskirche hat in diesen Tagen ein großes Haus mit 20 Zimmern kostenlos zur Verfügung gestellt, das von Teen Challenge-Mitarbeitern verwaltet und betreut wird. Nun wird hoffentlich die ohnehin niedrige Rückfallquote noch weiter zurückgehen.

Um auf Ihre Frage einzugehen: In unserer Arbeit sind auch Heroinsüchtige zum Glauben an Jesus gekommen, die anschließend keine Entzugserscheinungen hatten. Ich denke an Harry, der drei Jahre lang gefixt hat.

Harry hilft in Afghanistan

K.: In der zweiten Ausgabe der von Ihnen herausgegebenen „Jesus-people-Zeitung" „One Way" haben Sie Harrys Lebensgeschichte im Telegrammstil abgedruckt. Einleitend schreiben Sie: „Als wir Harry fragten, wie er sein neugemachtes Erlebnis in einem Satz formulieren würde, meinte . . . er: Jesus ist das Leben."

Und nun sein kurzgefaßtes Zeugnis: „Mit 16 wurde ich in eine Rockerbande aufgenommen. Dann wurde ich mit 17 Gammler. Über Alkoholparties ging meine Irrfahrt über „Pillenwerfen", Joint zum Fixen (Speed, Meskalin, Opiate). Dann fanden mich Christen (Teen Challenge-Mitarbeiter) in einem unserer Lokale. Sie brachten mich ins

Jesus-people-Center am Nollendorfplatz 5. Zuerst war ich sehr skeptisch. Dann aber packte mich Gott, und ich brach mit meinem alten Leben. Jetzt arbeite ich mit auf einer Rehabilitationsfarm in Afghanistan und bin sehr glücklich. Harry." (22Jahre alt)

Berufsziel: Sozialarbeiter

K.: Das deutsche Nachrichten-Magazin „Der Spiegel" hat u. a. folgenden Leserbrief veröffentlicht, der sich auf einen Bericht über Ihre Arbeit bezieht: „In Anbetracht des enormen Erfolges, den die Bewegung *Jesus people* bei der Behandlung von Rauschmittelsüchtigen zu haben scheint, liegt der Schluß doch allzu nahe, daß Religion Opium fürs Volk sei."

Harrys Beispiel beweist das Gegenteil. Wie sieht es bei den andern aus?

Spitzer: Die meisten ausgeflippten Jugendlichen waren doch vorher auf „Egotrip" (Egoismus) und haben durch ihren Kontakt zu Jesus Christus eine Transformation erlebt. Verantwortungsbewußtsein und Mitgefühl erwachen in ihnen. Die erfahrene Liebe treibt sie zur Nächstenliebe. Fast alle wollen eine soziale Aufgabe übernehmen: Fürsorger, Entwicklungshelfer, Krankenschwester, Lehrer.

Zurück ins Elternhaus, in Schule und Beruf

K.: In der Regel kommen die „jugendlichen Außenseiter" der Gesellschaft aus ungeordneten Elternhäusern. Sie sind von ihren Eltern weggelaufen oder dürfen sich nicht mehr zu Hause sehen lassen.

Ändert sich das Verhältnis zu ihren Eltern, wenn sie Christen geworden sind?

Spitzer: Innerhalb des ersten Monats nach ihrer Bekehrung knüpfen sie die ersten Bande zu ihren Eltern. Zunächst tasten sie sich vorsichtig heran. Es ist ihr größter Wunsch, sich wieder mit den Eltern zu versöhnen. Aber wenn Vater oder Mutter nicht vergebungsbereit sind, bleibt das Verhältnis gespannt. Die Jugendlichen leiden schrecklich darunter; die meisten kommen aus einem zerstörten Elternhaus. Als ich neulich einen Jungen fragte, wann er zum erstenmal Rauschgift genommen habe, konnte er mir das genaue Datum nennen: „Es war der Scheidungstag meiner Eltern."

Die Jesus people kehren aber nicht nur ins Elternhaus zurück, sondern setzen auch ihre schulische oder berufliche Ausbildung fort, die sie teilweise für Jahre unterbrochen haben.

K.: Gott hat Sie, Ihren Mitarbeiter Hapke und die unermüdlichen Teen-Challenge-Mitarbeiter benutzt, um heillosen Menschen das einzige Heil in Jesus anzubieten.

Besteht nicht die Gefahr, daß Sie für einige Jesus people eine Art Vaterfigur darstellen?

Spitzer: In der ersten Phase ihres neuen Lebens klammerten sie sich an mich. Aber je länger sie im Glauben an Jesus stehen, desto mehr tritt meine Person in den Hintergrund. Jetzt würde die Arbeit auch ohne mich weitergehen.

Petrus und Johannes waren auch Laien

K.: Die „neugeborenen Kinder" brauchen aber immer noch einen geistlichen Vater, der ihnen Glaubensfragen beantworten und biblische Erkenntnisse vermitteln kann.

Man wirft vor allem den amerikanischen Jesus people vor, sie würden mit der Bibel um sich werfen, ohne sie zu verstehen.

Bestimmte Bibelstellen sind eben nur auf dem Hintergrund der damaligen geschichtlichen Situation zu verstehen.

Was tun Sie in dieser Richtung?

Spitzer: Wenn die Jesus people die Bibel lesen, stoßen sie hin und wieder auf merkwürdige Stellen wie „Die Frau schweige in der Gemeinde". In unserm gemeinsamen Bibelstudium bemühen wir uns um eine theologische Deutung. Wir weichen solchen Bibelstellen nicht aus, sondern holen notfalls den Rat eines historisch geschulten Theologen heran.

Dennoch finde ich die Behauptung lächerlich, wonach man erst 10 Semester Theologie studiert haben müsse, bevor man mit der Bibel etwas anfangen könne. Petrus und Johannes waren anerkannte Apostel, obwohl sie keine Universität besucht hatten.

Die Jesus people erleben täglich die biblischen Wahrheiten. Es fällt ihnen nicht schwer, sich mit der Ehebrecherin am Jakobsbrunnen oder dem verlorenen Sohn zu identifizieren. Sie lassen es selten zu theologischen Streitgesprächen kommen, sondern bezeugen ihre Glaubenserfahrungen mit Jesus.

Und solange sie nicht ihre eigenen Wege gehen, sondern sich an eine christliche Gemeinde anlehnen, bleiben sie vor falschen Bibelauslegungen und Sektierertum bewahrt.

Nur ein Weg führt in den Himmel

K.: Alle Jesus people verbindet eine Kompromißlosigkeit in Glaubensfragen. Es gibt für sie nur einen Erlöser, Jesus Christus. Ihre einzige Richtschnur ist die Bibel.

Wie reagieren sie, wenn ihre ungläubigen Gesprächspartner Jesus ablehnen?

Spitzer: Es stimmt, die bekehrten Jugendlichen halten sich streng an die Bibel und bekennen: Jesus ist der Weg, die Wahrheit und das Leben. Das steht außer Diskussion. Gleichzeitig weisen sie darauf hin, daß es bei Gott kein Ansehen der Person gibt und jeder die christliche Botschaft verstehen könne, wenn er ehrlich suchen würde. Da für sie das Gebot der (Feindes) Liebe gilt, verachten sie ihre Gegner nicht, sondern beten für sie. Unsere Teestuben-Erfahrung lehrt, daß gerade die oppositionellsten Geister hinter ihrer Fassade tief ergriffen sind, aber nicht den Mut aufbringen, ihre bisherige Lebensphilosophie zugunsten des Evangeliums aufzugeben. In diesen Gesprächen überzeugen nicht in erster Linie theologische Argumente, aber die ausstrahlende Liebe und das veränderte Leben der Jesus people.

Taufzeremonie als Showeffekt?

K.: Als im August letzten Jahres (1971) 60 Jesus people in der Berliner Havel im Beisein von zweitausend Schaulustigen getauft wurden, hatten viele Christen ein ungutes Gefühl. „Der Showeffekt läßt an dem religiösen Sinn dieser Zeremonie zweifeln" schrieb ein Journalist, der in Kalifornien eine Massentaufe der Jesus people miterlebt hatte.

Spitzer: Die bekehrten jungen Leute sind zu mir gekommen und sagten: „Wir haben in der Bibel gelesen, wie die ersten Christen getauft worden sind. Nun wollen wir unsere Taufe auch bewußt miterleben und vor aller Welt bekennen, daß unser altes Leben mit Christus begraben ist und wir mit ihm zu einem neuen Leben auferstanden sind. (Römerbrief Kap. 6)

Wir haben uns gefragt, ob die Taufe draußen stattfinden soll; denn fast alle Jesus people sind äußerst sensibel und allergisch gegen Öffentlichkeitsarbeit — es war ihnen z. B. gar nicht recht, daß in der Teestube Fernsehaufnahmen gemacht wurden. Um den Bekenntnischarakter zu wahren, einigten sie sich auf die Taufe in der Havel.

Es war ein herrlicher Sommertag. Es sonnten sich also Tausende am Havelstrand. Als wir unsere Tauffeier mit einem Lied eröffneten, strömte das Volk zusammen. Dieser Massenauflauf war nicht geplant. Bei schlechtem Wetter wären weniger Zuschauer dagewesen.

Lächle, Gott liebt dich

K.: „Mit Christus begraben und mit Christus auferstanden zu einem neuen Leben." Wer kann dieses Taufverständnis besser verstehen als die Jesus people? Sie haben Jesus-Poster aus Amerika kommen lassen, die Jesus als einen lebenbejahenden Reformer darstellen.

Dieses Jesus-Bild scheinen die deutschen und amerikanischen Jesus people auch gemeinsam zu haben. Auf den Postern steht: „Jesus ist der Befreier, Jesus ist wie eine Brücke über reißendes Wasser, Jesus lebt — lächle, Gott liebt dich." Können Sie dazu noch einen Kommentar geben?

Spitzer: Im Mittelalter wurde Gott als der schreckliche Richter dargestellt. Auch unsere Jugend sieht oft in Gott einen Spielverderber, der uns alle Lebensfreude nehmen möchte. Und Jesus sagt doch: „Ich bin nicht gekommen, um zu richten, sondern um Sünder glückselig zu machen." Wir brauchen den Rauschgiftsüchtigen und ausgeflippten Typen die Hölle gar nicht heiß zu machen. Wie oft wurde mir gesagt: Mensch, wir sind schon in der Hölle. Als Botschafter Jesu bezeuge ich ihnen die Liebe Gottes, den einzigen Ausweg aus der Hölle.

Berliner Jesus people — made in USA?

K.: Wir hätten bald den Himmel auf Erden, wenn alle Menschen Jesus people würden. Inzwischen zählt die amerikanische Jesus-Bewegung drei bis vier Millionen Anhänger, Mitläufer einbegriffen. In Deutschland gibt es mittlerweile in nahezu allen Großstädten Jesus-people-Zentren. Die Berliner Jesus people haben die Jesus-Bewegung in Deutschland populär gemacht. Alle Massenmedien haben sich damit beschäftigt. Sie selbst haben die erste Jesus people Zeitung herausgebracht, sie heißt „One Way" und zeigt den ausgestreckten Zeigefinger, der nach oben weist. Warum haben Sie diese Merkmale der amerikanischen Jesus-Bewegung übernommen?

Spitzer: Im April 1971 berieten wir über den Namen für unsere Teestube. Am Ende einigten wir uns auf „Arche Noah" und „One Way", wobei „One Way" mit einer Stimme Vorsprung das Rennen machte. Erst später lasen wir in der Bunten Illustrierten den ersten deutschen Bericht über die Jesus-Bewegung in Amerika „Jesus ist besser als Hasch". Da entdeckten wir unsern Namen „One Way" und den erhobenen Zeigefinger. Wir hatten vorher nichts voneinander gewußt, aber waren sofort miteinander verbunden in Jesus. Darum nannten wir uns auch „Jesus people".

IV. Mit siebzehn fing ich an zu leben

Bekenntnis eines Siebzehnjährigen aus Berlin

Angefangen hat mein Leben am 9. Mai 1953 in Berlin-Reinickendorf. Meine Mutter ist eine wunderbare Frau, voller Liebe und Güte. Aber ich hatte keinen Vater, obwohl er immer noch zu unserer Familie gehört. Tagsüber arbeitete er bei Siemens und abends kellnerte er in Berliner Lokalen. Zu Hause blieb er nur dann, wenn er betrunken war. Und dabei ist mein Vater eigentlich gar kein schlechter Kerl. Leider wird er mit sich selbst nicht fertig. Die Vater- und Geldsorgen wachsen ihm einfach über den Kopf.

Ziellos schlenderten wir dahin

Im betrunkenen Zustand war er unberechenbar. Gerade war er noch ein patenter Kerl, so schlug er kurz darauf auf unsere Mutter oder seine Kinder ein; wir fürchteten uns vor ihm.

Schon als kleiner Junge träumte ich vergebens von einer Flucht aus dem Elternhaus. — Bald hatten wir die Bude voll, das heißt Vater und Mutter und acht Kinder, ich war Nummer vier.

Das Jahr 1966 begann mit einer tollen Überraschung. Ich war gerade zwölf, als wir in eine Neubausiedlung nach Berlin-Spandau umzogen. Anfangs freuten wir uns wie die Schneekönige. Wir bekamen eine für unsere Verhältnisse „riesige" Dreieinhalb-Zimmer-Wohnung mit Küche und einem „richtigen" Bad. Doch bald vermißten wir den liebgewordenen Wald für unsere Indianerspiele und den See zum Baden. In unserem Wohnblock gab es nur einen winzigen Spielplatz und ein Klettergerüst. Ewig auf den Pflastersteinen herumzuhopsen, machte uns keinen Spaß mehr. Wir heckten dumme Jungenstreiche aus, balgten uns auf Baugerüsten und schlenderten sinn- und ziellos durch die Straßen.

Zweikämpfe zwischen Vater und Sohn

In der Schule war ich — abgesehen von der Betragenszensur — zuerst ganz gut. Nachher verschlechterten sich die Noten immer mehr. Allmählich verging mir auch die Lust am Lernen. Je älter ich wurde, desto unerträglicher wurden die Schikanen meines Vaters, wenn er betrunken war. Oft stellten sich meine drei älteren Brüder schützend vor meine Mutter, mein Vater verprügelte sie öfter. Erbitterte Zweikämpfe lieferten sich mein Vater und mein ältester Bruder Ingo, der als Handlanger auf dem Bau beschäftigt war.

Wenn meine älteren Brüder sich nachts auf dem Tanzboden amüsierten, ließ mein Vater seine ganze Wut an mir aus; er verprügelte mich, bis ich zusammenbrach.

Es mag verrückt klingen, aber ich hatte meinen Vater trotzdem lieb; er war ein bedauernswerter und hilfloser Mann, der nicht mehr wußte, was er tat.

Mitleid machte ihn seelisch kaputt

Dieses sinnlose und brutale Leben wollte ich nicht länger mitmachen. Ich sehnte mich nach Geborgenheit, Freude und Zufriedenheit. Als ich meine Schulzeit beendet hatte, ließ ich mich von meinem Vater zu einer Autoschlosser-Lehre bei Daimler-Benz überreden.

Nun war mein größter Wunsch, ein eigenes Auto zu besitzen. Zu meinen Luftschlössern gehörten viele Mädchen, viel Geld und eine komfortable Wohnung. Irgendwie müßte das doch zu schaffen sein, sagte ich mir. Zum erstenmal verfügte ich über eigenes Geld, obwohl ich nur wenig vom Lehrlingslohn behalten durfte.

Meine älteren Brüder zogen mich hinein in den verlockenden Vergnügungsrummel. In Beatlokalen lernte ich Mädchen kennen, mit denen ich mich vorübergehend anfreundete. Ich begann zu trinken, weil ich „in" sein wollte. Trotzdem wurde meine Sehnsucht nach Geborgenheit und Zufriedenheit nicht gestillt. Nur für kurze Zeit vergaß ich mein Dilemma zu Hause.

Ich mußte ohnmächtig zusehen, wie meine Mutter und meine kleineren Geschwister langsam, aber sicher zugrundegingen. Dieser Gedanke machte mich seelisch kaputt: Die weinende Mama und die jüngeren Geschwister mit ihren traurigen Augen.

Hasch-Kommune — Hort der Geborgenheit?

Im Herbst 1970 lud mich ein Kumpel zu einer Party ein. Wir waren vergnügt, tanzten und alberten herum. Plötzlich machte der Joint die Runde. Da ich mich nicht blamieren wollte, haschte ich zum erstenmal mit. Nach der zweiten Haschzigarette boten sie mir eine Pille an. Sie sagten, ich sollte einen Trip (LSD) schmeißen. Und ich tat es. Was ich auf meiner ersten LSD-Reise erlebte, werde ich nie vergessen. Die Gegenstände im Zimmer fingen an, sich zu bewegen und in den grellsten Farben zu leuchten. Die Musik ergriff förmlich meinen Körper, und ich mußte einfach tanzen, ob ich wollte oder nicht. Dieser Trip endete erst am frühen Morgen.

Von dieser Clique kam ich nicht mehr los. Fast täglich rauchten wir Hasch und schluckten LSD. Die andern „Gleichgesinnten" kamen größtenteils auch aus zerstörten Familien. In unserer Kommune fühlten wir uns frei und geborgen.

Jagd nach dem Glück

Ich verließ mein Elternhaus und trampte mit einigen duften Typen in die Bundesrepublik. Unterwegs träumten wir von Afrika, Marokko oder Indien, von sonnigen Stränden und Bananenstauden im Busch. Ein ganzes Jahr irrten wir durch westdeutsche Großstädte, immer auf der Jagd nach dem großen Glück, doch kamen wir nie ans Ziel.

Reumütig kehrte ich wieder nach Berlin zurück. Großzügig betonte mein Vater, ich hätte immer noch Wohnrecht bei ihm; damals war ich siebzehn Jahre alt.

An den nächsten drei Tagen konnte ich es gut zu Hause

aushalten. Aber dann schlug mich mein betrunkener Vater wieder zusammen. „Du Verbrecher, du Mistkerl, du Rauschgiftsüchtiger", beschimpfte er mich. — Als ich im andern Zimmer meinen kleinen Schwestern bei den Schularbeiten half, schrie er durch das ganze Haus: „Du willst die Mädchen nur vergewaltigen und versauen."

Drei Tage später haute ich wieder ab; ich wollte meiner Mama Ärger ersparen. Wo sollte ich schlafen?

Du änderst dich doch nie

Ich ging zu meinem Pfarrer, der mir freundlicherweise sein Büro als Nachtlager anbot. Früher hatte ich seinen Jugendkreis besucht. Die jungen Leute hatten in der Kirche einen Beatraum mit Bar eingerichtet. Meistens tanzten und tranken sie. Als ich noch dabei war und wir auch mal diskutierten, packte ich aus. Dann fragte ich: „Könnt ihr mir nicht helfen?" Sie sagten nur: „Du änderst dich ja doch nie. Du bist ein hoffnungsloser Fall."

Das war Wasser auf meine Mühle; sie stürzten mich in die tiefe Nacht der Verzweiflung.

Schließlich versuchte ich einen andern Weg. Ich opferte schweren Herzens meine Hippie-Mähne und wurde Hilfspfleger in einem Krankenhaus. Fast sechs Monate gelang es mir, mich so intensiv auf die Arbeit zu konzentrieren, daß ich alles andere vergessen konnte. Ich war mutterseelenallein, und ohne Gemeinschaft hielt ich es auf die Dauer nicht aus.

Bei einer Razzia erwischt

So landete ich wieder in der Haschkommune; diese Typen akzeptierten mich wenigstens.

Weil mir die jämmerliche Niederlage seelisch zu schaffen machte, türmte ich nach Rom. Nach wenigen Tagen ging das Geld aus, und ich tauchte bei alten Freunden in Düsseldorf unter. Bei einer Razzia wurde ich wegen Rauschgiftbesitzes — ich hatte fünf Gramm Haschisch in der Tasche — von der Polizei festgenommen und sechs Wochen eingelocht. Dann schoben sie mich per Flugzeug nach Berlin ab. Meine Eltern mußten mich wieder aufnehmen. Und der höllische Zorn meines Vaters prasselte auf mich nieder.

Was sollte ich mit meinem Leben denn noch anfangen. Inzwischen war ich auch Menschen begegnet, die ein Auto, viel Geld und eine schöne Wohnung besaßen — wonach ich mich sehnte —, und sie blieben doch unzufrieden. Nein, ich wollte kein Schauspieler werden, der sich selbst und andern Zufriedenheit vorgaukelt.

Ich nahm eine Überdosis LSD

In meiner letzten Verzweiflung nahm ich eine Überdosis LSD; ich wollte weg vom Fenster, Schluß machen mit meinem Leben. Aber ich starb nicht und war ziemlich enttäuscht darüber.

In dieser Zeit geschah etwas Merkwürdiges.

Ich traf zufällig einen Freund, mit dem ich früher eine Zeitlang gemeinsam LSD und andere Rauschgifte genommen hatte.

„Ich schmeiße keine Trips mehr", erzählte er mir. „Jesus hat mich davon freigemacht." Mir blieb die Spucke weg. Krampfhaft mußte ich mein Lachen unterdrücken. Das war zu komisch für mich. Obwohl ich nichts davon wissen wollte, ließ mich dieses Bekenntnis nicht mehr los. In den nächsten Tagen beobachtete ich ihn sehr genau. Er rührte tatsächlich keine Drogen mehr an. Seinen Freunden erzählte er von der Liebe Gottes, obwohl sie ihn auslachten. Das störte mich nicht. Eins zählte: Er war ausgeglichener und freundlicher als sonst. Was mich besonders faszinierte, war die Tatsache, daß ihm das Leben wieder Spaß machte.

Die neue Botschaft packte mich

Eines Abends ließ ich mich überreden und pilgerte mit ihm zum Nollendorfplatz. Der Saal der „Freien Christengemeinschaft" war bis auf den letzten Platz gefüllt. Eine eigenartige Wärme ging von den Besuchern aus. Dann begann ein junger Mann (Volkhard Spitzer) zu predigen. Das werde ich nie vergessen. Jedes Wort traf mich persönlich. Er sprach von den unheimlichen Süchten, die einen Menschen versklaven und zerstören können. Zum Schluß wies er auf Jesus hin, der sich in unser Leid hineingestellt hat und uns durch den Glauben an ihn ein neues Leben schenken möchte.

Der Pastor forderte alle, die Jesus annehmen möchten, auf, nach vorne zu kommen, er wollte mit ihnen beten. Die Sehnsucht nach dieser Liebe, nach diesem neuen Leben packte mich; ich mußte unwillkürlich an meinen Freund denken, der neben mir saß. Der hatte es erfahren. — Aber ich traute mir diesen Schritt noch nicht zu. Jedoch zogen mich diese Gottesdienste wie ein Magnet an. Die für mich neue, frohe Botschaft durfte ich nicht verpassen.

Ich betete zum erstenmal zu Jesus

Nach dem dritten Gottesdienst hielt ich es einfach nicht mehr aus. Ich mußte nach vorne gehen. Ich betete zum erstenmal zu Jesus. Ich bekannte ihm meine Schuld und bat ihn, mir ein neues Leben zu schenken. Nachdem ich mein Gebet beendet hatte, wollte ich wieder aufstehen; doch irgend etwas zwang mich wieder in die Knie. Ich wartete, bis Pastor Spitzer zu mir kam und mit mir betete. Mich durchfuhr eine unvorstellbare Kraft. Zum erstenmal hatte ich das wunderbare Gefühl, daß mich jemand von ganzem Herzen liebt. Es konnte nur die Liebe unseres Herrn Jesu sein; sie kam so stark über mich, daß ich glaubte, es nicht mehr ertragen zu können. Erst am späten Abend ging ich wieder heim. Doch nun wußte ich: Es ist nicht mehr der alte Gerd (er selbst), sondern in ihm hat Jesus ein neues

Leben begonnen. In der U-Bahn mußte ich meine Bibel aufschlagen, die mir kurz vorher jemand in der Gemeinde geschenkt hatte. Auf einmal konnte ich Gottes Wort verstehen. Seitdem ist die Bibel ein wahrer Schatz für mich geworden.

Bekehrung führt zum sozialen Engagement

Seit diesem Abend brauchte ich keine Rauschgifte mehr zu nehmen; denn meine Sehnsüchte waren gestillt: Die Arbeit macht mir heute wieder Freude. Gern opfere ich meine Freizeit den jüngeren Geschwistern, indem ich mit ihnen spazierengehe und ihnen bei den Schulaufgaben behilflich bin. Seitdem ich die unverdiente Liebe Jesu erfahren habe, fällt es mir leichter, meinen Vater zu lieben. Ich fliehe nicht mehr vor den Problemen, sondern darf sie mit Gottes Hilfe bewältigen. Das furchtbare Durcheinander in unserer Familie läßt mich nicht mehr verzweifeln, sondern bedeutet für mich einen Ansporn und eine Herausforderung zur tatkräftigen Hilfe: Ich renovierte unsere verwahrloste Wohnung und kleidete meine kleinen Geschwister neu ein. Ich unterstütze meine Mutter im Haushalt und bete für meinen Vater, daß er von seiner Trunksucht frei wird. Ich bin voller Zuversicht, daß auch er ein neues Leben mit Jesus beginnen kann. Es ist schon bedeutend besser mit ihm geworden.

So bin ich meinem Gott dankbar für das unverdiente Wunder. Ich kann es immer noch nicht begreifen. Mein neues Leben soll Gott geweiht bleiben.

V. Turbulenzen, Ekstasen und Pfingstbewegung

Interview mit dem Kirchenhistoriker
Professor D. Dr. Ernst Benz, Marburg

K.: „Der heilige Geist in Amerika" heißt Ihr beachtenswerter Erfahrungsbericht über das „enthusiastische Christentum", das Sie während Ihrer Gastvorlesungen an der Florida State Universität und in Puerto Rico kennengelernt haben. Erstaunlicherweise decken sich Ihre Beobachtungen mit vielen Erscheinungsformen innerhalb der Jesus-people-Bewegung. Ich denke etwa an die ekstatischen Formen des Gottesdienstes, an die charismatischen (geistlichen) Gaben des Zungenredens, der Prophetie, der Krankenheilung und der Predigt.
Wie erklären Sie sich diese auffallenden Berührungspunkte?

Christentum als Neuheitserlebnis

Benz: In beiden Fällen handelt es sich — allgemein gesprochen — um ein Christentum der persönlichen Erfahrung. Hier begegnet uns das Christentum als Neuheitserlebnis.

Sowohl die Jesus people als auch die von mir besuchten christlichen Kreise fühlten sich von den etablierten Kirchen vernachlässigt und konnten mit dem förmlichen Kirchentum und ihrer konventionellen Theologie nicht viel anfangen. Bezeichnenderweise schlug die Pfingstbewegung zu Beginn des 20. Jahrhunderts in Los Angeles unter den gesellschaftlichen Außenseitern und diskriminierten Negern und Einwanderern aus Armenien ihre ersten Wurzeln; sie griff dann recht bald auf andere Kreise über.

K.: Zu den heutigen Außenseitern der Gesellschaft zählen wesentlich die Rauschgiftsüchtigen, von denen Hunderttausende vor allem in Amerika, aber auch in Europa

Jesus Christus als ihren persönlichen Befreier erlebt haben. Unsere großen Kirchen stehen mehr oder weniger hilflos dieser „Jesus-Revolution" gegenüber. Neulich las ich in den „Evangelischen Kommentaren" folgendes: „Es wird klar, warum es den evangelikalen Gruppen leichtfällt, die enthusiastischen Langhaarigen aus der Rauschgiftszene als die Ihrigen zu begrüßen. Wer von ihnen bei Jesus bleibt, muß notgedrungen und ohne Schwierigkeiten bei den Pfingstlern und ihresgleichen landen."

Sind nach Ihrer Meinung Ansätze einer kirchlichen und theologischen Kursänderung zugunsten der Jesus people in Sicht?

Benz: So generell kann ich darauf nicht antworten. Zumindest erlaubt es die Struktur unserer Kirche, daß einzelne Pfarrer und theologische Lehrer mit den Jesus people zusammenarbeiten können. Es wäre zuviel verlangt, wollte man von der ganzen Kirche eine solche Bereitschaft erwarten. Sie müssen bedenken, daß Martin Luther gewisse pietistische und mystische Ansätze seiner Theologie („Christus in uns" etc.) über Bord gefeuert hat in der Auseinandersetzung mit den „Hippies" der Reformation.

„Hippies" der Reformation

Da war z. B. Professor Karlstadt, sein Kollege an der Universität zu Wittenberg, der zu praktischen Reformen schritt und dabei ein wenig über die Stränge schlug. Karlstadt — Doktor der Theologie — zog sein Professorengewand aus, legte seinen theologischen Doktortitel ab, lief im Bauernrock herum und predigte den Bauern, sie brauchten keine „Mauerkirche"; der heilige Geist wohne nur unter der behaarten Männerbrust.

Sein Gesinnungsgenosse Thomas Münzer entwickelte nicht nur eine „Theologie der Revolution", sondern forderte, im Namen des heiligen Geistes müßten alle Klöster angezündet und die Pfaffen aufgehängt werden.

Gegen diese „schwärmerische" Bewegung hat sich dann die lutherische Kirche etabliert mit dem Augsburgischen

Bekenntnis von 1530, der „Confessio Augustana". Alle Schwärmer wurden verdammt, und die Gabe des heiligen Geistes wurde ans „Amt" geknüpft.

Von diesem geschichtlichen Hintergrund her verstehen Sie, wenn das gebrannte Kind namens Kirche das Feuer scheut.

Selbst den Pietisten mit ihrem Laienpredigertum und ihren schwachen pneumatischen (Pneuma = hl. Geist) Zuckungen fiel es schwer, in diesen Kirchen zu bleiben.

K.: Es gibt lutherische Pfarrer, die in der Jesus-people-Bewegung eine Neuauflage des damaligen Schwärmertums erblicken.

Der radikale Revolutionär Thomas Münzer — zunächst als lutherischer Pfarrer in Zwickau tätig — stellte ebenfalls den heiligen Geist in den Mittelpunkt, er mißachtete die Kindertaufe und plädierte für die Wiedertaufe, wie sie von den meisten Jesus people praktiziert wird, und wollte die Feinde des Evangeliums mit Gewalt ausrotten.

So hängt z. B. im Hauptquartier der „Jesus-people"-Weltbefreiungsfront in Berkeley (Kalifornien) eine wandgroße Landkarte, die an den Punkten mit farbigen Stecknadelköpfen bespickt ist, an denen die Jesus-Bewegung schon Wurzeln geschlagen hat. Einer ihrer Vertreter meinte: „Unser Ziel ist, die USA bis zum Jahre 1976 mit dem Evangelium von Jesus Christus zu erobern, die ganze Welt bis 1980."

Kritiker meinen nun, dieser missionarische Übereifer könnte sich in eine militante Kreuzzugsideologie verwandeln.

Hat nicht auch Thomas Münzer einen solchen Kreuzzug geplant?

Benz: Ich glaube nicht, daß Thomas Münzer daran dachte. Es waren arme und geplagte Bauern, die sich um Münzer scharten (Bauernaufstand 1525). Der Ausbruch erfolgte in einer Situation der Verzweiflung. Als die Ritter mit ihrer Artillerie auffuhren, stellte sich Münzer vor seinen „Haufen", indem er sagte: „Der heilige Geist ist bei uns. Ich werde die Kanonenkugeln mit meinem Ärmel aufhalten." Und seine Anhänger haben daran geglaubt. (Anmerkung: Die Niederlage der Bauern bei Frankenhausen am 15. 5. 1525 und das dem Siege folgende entsetzliche Strafgericht beendigten den Aufstand. Thomas Münzer wurde gefangen genommen und enthauptet).

Ich glaube nicht, daß die Jesus people spontan in Welteroberungskategorien denken. Natürlich ist das missionarische Bewußtsein immer global: „Gehet hin in alle Welt und lehret alle Völker und taufet sie auf den Namen des Vaters, des Sohnes und des heiligen Geistes" (Mt. 28). Jede christliche Mission ist weltumfassend.

„Meine Kirche war noch nie so voll"

K.: Wer die Anfänge der Jesus-Bewegung in Amerika studiert, stößt immer wieder auf den Methodistenpfarrer Lyle Stennis aus North Rodando, einem Elendsviertel von Los Angeles, in dessen Kirche „Bethel Tabernacle" in den letzten zwei Jahren wohl 5000 Drogensüchtige durch den Glauben an Jesus frei geworden sind.

Lyle Stennis berichtet selbst: „Es begann mit 24 Hippies, die in unsern Gottesdienst hereinschneiten. Ich nenne das heute unsere Gemeinderevolution. Die älteren Gemeindeglieder versuchten, sie wieder loszuwerden. Aber ich hab' gemeint, unsere Kirchentüren sind offen für jedermann. Innerhalb eines halben Jahres verließen uns 250 Gemeindeglieder. Unsere Gemeindebeiträge fielen fast ganz aus. Es lassen sich nur noch wenig ältere Gemeindeglieder blicken. Dafür kommen die jungen Christen in Scharen. Meine Kirche war noch nie so voll." Wie deuten Sie dieses kirchengeschichtliche Phänomen?

Benz: Es ist bezeichnend, daß Pfarrer Lyle Stennis Methodist ist. Schon immer haben sich gerade methodistische Pfarrer in sozial verwahrloste Gebiete hineingewagt, um dort missionarisch zu wirken. In der Entstehungsgeschichte des Methodismus finden wir ähnliche Erscheinungen wie in der heutigen Jesus-Bewegung.

(Anmerkung: Gegen die religiöse Gleichgültigkeit und

Kraftlosigkeit des englischen Protestantismus erhob sich seit 1739 ein Gegenschlag, Methodismus genannt, eine christliche Erweckungsbewegung von gewaltigem Ausmaß. John Wesley, sein Bruder Charles Wesley und George Whitefield, anglikanische Geistliche, waren die Urheber. In schlichter Weise verkündigten sie die biblischen Grundwahrheiten und riefen ihre Hörer zur persönlichen Glaubensentscheidung für Christus auf ... Als man den methodistischen Erweckungspredigern die Kanzeln der etablierten anglikanischen Kirchen verbot, trennten die Methodisten sich von der Staatskirche, und die Bewegung breitete sich wie ein loderndes Waldfeuer nicht nur in England, sondern wenig später auch in Amerika aus.)

Benz: Gerade in jenen gesellschaftlichen Schichten, die von der englischen Staatskirche vernachlässigt wurden, schlug die feurige Bekehrungspredigt von Wesley wie eine Bombe ein. Die Begleiterscheinungen jener Erweckungsbewegung erleben wir heute bei den Jesus people. Die Neubekehrten redeten in andern Zungen, sie führten Freudentänze auf und gerieten in Ekstase.

Erweckungsprediger entwaffnen Kommunisten

K.: Oberflächliche Kritiker werfen den christlichen Erweckungsbewegungen vor, sie würden nur das private, „selbstsüchtige" Seelenheil anbieten und die sozialen Mißstände übersehen. Sind es nicht die Methodisten gewesen, die sich um die benachteiligte Arbeiterschaft kümmerten?

Benz: Tatsächlich hat die Gewerkschafts-Bewegung in England ihre Entstehung weithin dieser methodistischen Erweckungsbewegung zu verdanken. Die ersten Gewerkschaftsführer in England waren Methodisten, und viele englische Parteiführer waren gleichzeitig Laienprediger in der Methodistenkirche. Ist die Tatsache nicht bemerkenswert, daß der Kommunismus sich in England nie hat durchsetzen können, obwohl dort die prominentesten kommunistischen Flüchtlinge der Welt (z. B. Karl Marx, Friedrich Engels) Asyl suchten und sich politisch betätigten?

K.: Worauf führen Sie diesen politischen Mißerfolg der Kommunisten zurück?

Benz: Die freikirchlichen Prediger (Methodisten und Baptisten) haben sich auch das soziale Anliegen ihrer Gemeindeglieder zu eigen gemacht; denn sie haben am frühesten gemerkt, daß soziale und gesellschaftliche Mißstände nicht mit traditionellen karitativen Mitteln zu lösen waren; es galt vielmehr, diesem von der damaligen ständischen Gesellschaftsordnung vernachlässigten (Arbeiter)-Stand zu seinem Recht zu verhelfen. Dafür haben sich die Freikirchen — und nach ihrem Vorbild auch einige Anglikaner — eingesetzt, und darum hatte der Kommunismus keine Chance.

K.: Und wie sieht das soziale Engagement in der amerikanischen Erweckungsbewegung aus?

Benz: Heute erliegen wir der Tendenz, alles soziologisch erklären zu wollen. Fälschlicherweise meinen wir, in der Betätigung auf dem Gebiet der Sozialethik die einzige Selbstbestätigung der Kirche zu erblicken.

Ich würde sagen, die sozialen Konsequenzen verstehen sich immer von selbst. Die Pietisten predigten die Erweckung. Die erweckten pietistischen Bäcker waren es, die bessere Brötchen buken. Und die erweckten pietistischen Schmiedemeister haben bessere Äxte hergestellt. Aber sie haben sich nicht bekehrt, um bessere Brötchen zu backen oder bessere Äxte zu schmieden. Selbstverständlich hat die Bekehrung typische soziologische Konsequenzen, weil der an Jesus glaubende Mensch ein neues Leben begonnen hat. Die Reformatoren nannten das in ihrer Sprache: Der Glaube wirkt „gute Werke". Gerade in Amerika wirkt sich die Verkopplung von kirchlicher Tätigkeit und sozialem Engagement durch das Laienpredigertum in der Pfingstbewegung sehr positiv aus. So haben z. B. die Geschäftsleute der amerikanischen Pfingstgemeinden sich zusammengeschlossen und die Organisation „Full Gospel Business Men's Fellowship International„ (Geschäftsleute des vollen Evangeliums) gegründet, um dem Anliegen der Pfingstbewegung in der Öffentlichkeit Einfluß und Anerkennung zu verschaffen, z. B. durch die Gründung der Universität von Tulsa, Oklahoma. Heute ist diese christliche Organisation eine der finanziell stärksten Vereinigungen von Geschäftsleuten in Amerika.

K.: In dem lesenswerten Buch „Enthusiastisches Christentum" von Hollenweger las ich für mich überraschende Sätze: „Ob unter den Landarbeitern Chiles, unter den Indianern Argentiniens, im Proletariat Nordamerikas, bei den Massen der afrikanischen Städte, unter den Zigeunern Frankreichs, den Armen Großbritanniens, überall hat die Pfingstbewegung die Funktion, namen- und sprachlose Menschen ausdrucksfähig zu machen..."

Warum fehlt Deutschland?

Benz: Die evangelikalen Kreise (Freikirchen und Gemeinschaften) in Deutschland, bei denen man beim Eindringen der Pfingstbewegung um 1905 ein Verständnis für den erwecklichen Geist hätte erwarten und voraussetzen können, hatten sich schon zu sehr der Gemeindestruktur der Landeskirchen angepaßt, d. h. sie hielten ebenfalls auf eine verbürgerlichte Form von Kirchlichkeit. Deshalb waren sie völlig entsetzt, als der Pfingstgeist z. B. in Hessen in ihren Gemeinden in und um Kassel durchbrach, und vor allem, als in den Versammlungen einige Frauen anfingen, in Zungen zu reden oder ähnliche ekstatische Äußerungen zeigten.

Die enthusiastische Kasseler Bewegung

K.: Sie erwähnen die Ereignisse in Kassel. Im Jahre 1907 entstand aus der Gemeinschaftsbewegung in Kassel und anderswo die Pfingstbewegung, die von Kalifornien über Norwegen nach Deutschland gebracht wurde. (Die Jesus-Bewegung begann auch in Kalifornien). Noch im selben Jahr distanzierte sich der Gnadauer Gemeinschaftsverband von dieser Pfingstbewegung und veröffentlichte die „Berliner Erklärung", in der es heißt: „Die sogenannte Pfingstbewegung ist nicht von oben, sondern von unten. Sie hat viele Erscheinungen mit dem Spiritismus gemeinsam. Es wirken in ihr Dämonen, welche vom Satan mit List geleitet, Lüge und Wahrheit vermengen, um die Kinder Gottes zu verführen ..."

Wie beurteilen Sie diese Kasseler Pfingstbewegung?

Benz: Was sich damals ereignete, war lediglich ungewöhnlich, aber nicht dämonisch. Es mag sein, daß sich wie in den Tagen des Apostel Paulus Überspanntheiten und vielleicht sogar Ungeistliches in die Gemeinden einschlich. Die erweckten Christen verhielten sich jedoch nicht anders als die Pfingstler von Kalifornien in ihren Gottesdiensten. Sie schrien Halleluja, klatschten in die Hände und sprangen mal vor Freude in die Luft. Manche Gottesdienstbesucher fingen an, in Zungen zu reden.

Ich habe die gesamte Literatur der Kasseler Bewegung intensiv durchgearbeitet und finde keine dämonischen Ansätze. Es waren die „anständigen" Kirchenbesucher, die entsprechende Gerüchte verbreiteten. — So erzählte eine Diakonisse aus Kassel, ein Prediger habe in ihrer Gegenwart zusammen mit einem Totenkopf gebetet, wobei der Totenkopf in Zungen geredet hätte. Hat sie vergessen, daß der Totenkopf gar keine Zunge besitzt?

Dieser redende Totenkopf ist ein Musterbeispiel für solche frommen Greuelmärchen, die überall Schlagzeilen machten. Und so etwas wurde geglaubt.

K.: Wie Ihnen bekannt ist, gingen die deutschen Pfingstgemeinden in den Untergrund und wurden von den Kirchen und Gemeinschaftskreisen gemieden. Die von deutschen Pfingstgemeinden angebotene Versöhnung ist von der Gegenseite immer wieder abgelehnt worden.

Die Jesus people zwingen heute zur echten Auseinandersetzung mit den charismatischen Gaben. Sie fordern uns geradezu heraus.

Manche Fernsehsendungen vermittelten in letzter Zeit Eindrücke von den ekstatischen Gottesdiensten der Jesus people, die in Zungen redeten, Halleluja schrien und teilweise außer sich vor Freude waren. Was soll man dazu sagen?

Äußerungen des Heiligen Geistes sind immer anstößig

Benz: Die Äußerungen des Heiligen Geistes wurden schon von Anfang an von den braven Leuten als anstößig empfunden. Lesen Sie doch einmal den Bericht über die Ausgießung des Heiligen Geistes, der in der Pfingstgeschichte zu Beginn der Apostelgeschichte steht. Die erste christliche Predigt, die in der Apostelgeschichte überliefert ist, die Predigt des Petrus, also des ersten Apostels der Gemeinde von Jerusalem, ist ein beredtes Zeugnis dafür. Der Heilige Geist kommt mit lautem Brausen auf die versammelten Gläubigen der Christengemeinde herab. Es gibt einen großen Lärm; die Leute auf der Straße und in der Nachbarschaft, fromme Juden, gute Kirchgänger, d. h. Tempelbesucher, laufen zusammen und kommen angesichts des Lärms zu der Überzeugung, die Leute dort oben seien „voll des süßen Weines", d. h. sie seien betrunken. Die erste Predigt des ersten Apostels der Christenheit beginnt mit dem Versuch zu beweisen, die vom Heiligen Geist ergriffenen Mitglieder der christlichen Gemeinde seien nicht betrunken. Das Argument, das er anführt, ist nicht unbedingt überzeugend: „Liebe Männer, diese sind nicht betrunken, wie ihr meint, denn es ist erst die dritte Stunde am Tag", d. h. so früh am Tag ist man nicht betrunken! Er beweist dann in einer Auslegung einer Weissagung des Propheten Joël aus der Heiligen Schrift, daß es sich hier um die Erfüllung einer Prophezeiung vom Kommen des Heiligen Geistes handelt: „Eure Söhne und eure Töchter sollen weissagen und eure Jünglinge sollen Gesichte haben". Die guten Leute waren schon damals über ekstatische Äußerungen des Geistes entsetzt.

K.: Die auffälligste Gabe des Heiligen Geistes scheint die Zungen- oder Sprachenrede zu sein. Jedenfalls erhitzen sich die „frommen" Gemüter, wenn sie im Fernsehen Jesus people in Zungen reden hören.

In Ihrem Buch „Der heilige Geist in Amerika" (1. Aufl. Düsseldorf 1970) haben Sie sehr treffend dieses Phänomen beschrieben. Ich darf Sie zitieren (a.a.O. S. 10 f)

Benz: „Sie wurden voll des heiligen Geistes und fingen an zu predigen in andern Zungen, nach dem der Geist ihnen gab auszusprechen."

Was hier beschrieben wird, ist zunächst einmal das Erlebnis der überwältigenden Fülle und Erfüllung: wie das Brausen vom Himmel das ganze Haus erfüllt, so erfüllt der heilige Geist die Jünger übermächtig. Das, was sie erfüllt, drängt danach, sich auszusprechen, aber es äußert sich nicht in ihrer gewohnten Rede, die sich im Schema unseres dialektischen begrifflichen Denkens bewegt, sondern in stammelnden, lallenden Lauten und Lautverbindungen. Das „In Zungen reden" ist gewissermaßen das Eintauchen in den Universalbereich sprachlicher Ausdrucksmöglichkeiten, in die noch ungestaltete Vorform aller konkreten Sprachen, in den Bereich einer Universalphonetik, die die Fülle aller Ausdrucksmöglichkeiten aller konkreten Sprachen in sich enthält —. Die äußere Erscheinung des Auftretens der vom heiligen Geist Erfüllten ist wenig imponierend: „sie scheinen außer sich zu sein und machen den Eindruck von Trunkenen . . ." Ist es verwunderlich, wenn sich die Begegnung mit dem, was „höher ist denn alle Vernunft" (Phil. 4,70), nicht in „vernünftigen Worten" äußert?

Überbetonung des Zungenredens

K.: „Es war in der ‚Bethel Tabernacle'-Gemeinde von Pastor Lyle Stennis", so berichtet ein Reporter, der umgeben war von Jesus people, deren Gesichter höchste Ekstase ausdrückten, „als ein junges Mädchen auf mich zukommt. Als sie ganz nahe ist, fragt sie mich mit sanfter Stimme: ‚Kennst du den Herrn?' Als ich nickte, lächelte sie, erlöst und erleichtert. Sie beginnt, über ihre Erfahrungen mit Jesus zu berichten. Sie ist entzückt, bis sie feststellt, daß ich nicht mit dem heiligen Geist getauft bin und tatsächlich nicht in Zungen spreche. Tiefe Besorgnis spiegelt sich nun in ihrem Gesicht wider . . ." (Jesus people Report Wuppertal 1971)

Steht dieses „geisterfüllte" junge Mädchen nicht in der Gefahr, die Gabe des Zungenredens als unbedingte Voraussetzung eines erfüllten christlichen Lebens anzusehen?

Benz: Lassen Sie mich ein anderes Beispiel erzählen. Neulich beklagte sich eine Frau bei mir, sie würde von den Brüdern und Schwestern ihrer Pfingstgemeinde nicht als vollwertiges Glied akzeptiert, weil sie nie in Zungen geredet habe. Bisher habe sie auch kein Verlangen danach gezeigt. Aber für die andern Gemeindeglieder sei das Zungenreden das Zeichen der Geistestaufe als höhere Stufe über der Wassertaufe. Und diese Geistestaufe habe natürlich auch bestimmte Konsequenzen für die Rangordnung in der Gemeinde. — Deshalb bekam diese Frau Gewissenskonflikte und verließ die Pfingstgemeinde. Nun gehört sie zur Neuapostolischen Kirche und hat sich dort „versiegeln" lassen.

Die Pfingstgemeinde steht also in der Gefahr, das Zungenreden zu ritualisieren, d. h. diese geistliche Gabe als festen Bestandteil in das gottesdienstliche Geschehen einzufügen und es zum Dogma (Lehrsatz) zu erheben. Die Spaltungen innerhalb der amerikanischen Pfingstgemeinden sind auf die Dogmatisierung der Sprachenrede zurückzuführen.

K.: Warum neigen die Pfingstgemeinden zur Dogmatisierung des Zungenredens?

Benz: Jede christliche Gemeinde legt Wert auf charakteristische Unterscheidungsmerkmale. Und da das Zungenreden eine besondere Faszination auf die christliche Gemeinde ausübte und von Anfang an ritualisiert und theologisiert wurde, bekam es allmählich einen Ausschließlichkeitscharakter.

K.: Bevor die Jesus-people-Bewegung ins Rampenlicht der Öffentlichkeit getreten war, konnte man den Eindruck gewinnen, als sei das Zungenreden nur auf die Pfingstgemeinden beschränkt. Stimmt das?

Benz: Ich bestreite aufgrund meiner Studien und Informationen, daß man das Zungenreden ausschließlich in Pfingstgemeinden antrifft. Erstens gehört das Zungenreden in den Bereich der privaten Andacht und des persönlichen Gebets. Deshalb ist es statistisch nicht erfaßbar, wie viele Christen in Zungen reden; im übrigen sprechen nur wenige, die diese Gabe haben, zu anderen darüber.

Zweitens findet sich die Sprachenrede auch in andern christlichen Kreisen, etwa bei den Baptisten (ev. Freikirche), Lutheranern. Wenn Sie auf das Vorkommen dieses Phänomens eingestellt sind und das Vertrauen erweckter Gemeinden und Christen genießen, werden Sie staunen, wie oft das Zungenreden praktiziert wird.

Man redet aber über diese charismatische Gabe nur in Verbindung mit den Pfingstgemeinden, weil sie dort offiziell geduldet wird.

K.: In Ihrem o. g. Buch führen Sie aus, daß der Kern der Geistestaufe ein spontanes Erlebnis sei, verbunden mit Zungenreden, das einem geschenkt wird, das man nur suchen, aber nicht erzwingen kann.

Überwältigendes Erlebnis der Begegnung mit Gott

Ich mußte daran denken, als mir kürzlich Berliner Jesus people erzählten, daß ihnen während einer Gebetsgemeinschaft diese Gabe des Zungenredens geschenkt worden sei, obwohl sie vorher nichts davon gewußt hätten. Ihr geistlicher Vater, Reverend Spitzer, habe sie dann später biblisch aufgeklärt. In diesem Zusammenhang bekannten sie mir, diese Gabe vermittle ihnen das Gefühl der besonderen Gegenwart Jesu und habe sie schon vor manchen Versuchungen bewahrt.

Wie deuten Sie dieses Bekenntnis theologisch?

Benz: Es ist keineswegs so paradox, daß ein Erlebnis der Begegnung mit einer neuen erstmals erfahrenen Wirklichkeit — mit Gott — an sich „höher ist als alle Vernunft."

Diese Erlebnisform äußert sich im Zungenreden, im Stammeln und Stottern von Sprachfetzen. Unsere Denkvorstellungen, die Kategorien unserer dialektischen Ja- und Nein-Aussagen, reichen eben nicht aus, um diese neue Wirklichkeit einzufangen.

Ich erinnere Sie an Paulus, der ins Paradies entrafft war und „unaussprechliche" Worte hörte. Wen die andere Wirklichkeit „überfällt", der kann sich zunächst über sie nicht in unserer gewohnten Begriffs-Sprache äußern.

(Anmerkung: Der Apostel Paulus schildert im 12. Kapitel des 2. Korintherbriefs seine geistlichen Erfahrungen in der dritten Person: „Ich werde jetzt über Erscheinungen und Enthüllungen reden, die mir der Herr gab. Ich kenne einen bestimmten Christen, der vor vierzehn Jahren in den dritten Himmel versetzt wurde ... (Ob im Leibe, weiß ich nicht, ob außer dem Leibe, weiß ich nicht. Gott weiß es.) Ich weiß, daß dieser Mann ins Paradies versetzt wurde ... Dort hörte er Dinge, die man nicht in Worte fassen kann. Dinge, die Menschen nicht aussprechen können. Mit diesem Mann will ich prahlen. Mit mir selbst will ich nicht prahlen, nur mit meiner Schwäche ... ")

Die Betroffenen versuchen zwar, ihre überwältigenden Eindrücke in die gewohnten Sprachformen zu kleiden, aber es gelingt nicht. — Erst allmählich — und das ist auch eine spezifisch menschliche Tendenz — bemüht die Glaubenserfahrung, sich intellektuell auszudrücken, sich in vernunftgemäßen Begriffen zu deuten und wird schließlich zur Theologie.

Kreativität und Management

K.: In einem Vortrag über die Jesus-people-Bewegung vor europäischen Evangelisten berichtete der amerikanische Evangelist Billy Graham über ein Gespräch mit dem Theologen Karl Barth kurz vor dessen Tode. Auf die Frage, welcher theologische Aspekt in den siebziger Jahren im Mittelpunkt stehen würde, antwortete Barth spontan:

„Die Pneumatologie" (Lehre vom heiligen Geist).

Stimmen Sie Karl Barth zu?

Benz: Ich würde Barth gern zustimmen, wenn ich nicht ein grundsätzliches Bedenken gegen eine Theologisierung des heiligen Geistes hätte. Ich befürchte, die Theologen bringen es fertig, den heiligen Geist genauso „theologisch" totzureden, wie es ihnen mit Gott — dem Vater — und Gott — dem Sohn — gelungen ist.

Vom „Vater" ist schließlich nur noch die „Theologie nach dem Tode Gottes" übriggeblieben und vom „Sohn" ein Museum der verschiedenen Typen der Christologie.

Vor mir liegt ein Heft, in dem ein Artikel unter der Überschrift „Kreativität und Management" steht. Hier wird die Kreativität systematisiert, indem man genau festlegt, welche Art der Kreativität von einem Manager erwartet und wie er sie sich aneignen kann bis hin zur Krawatte, die bei der Ausstrahlung der Kreativität im Management eine wichtige Rolle spielt.

Ich möchte gern vermeiden, daß eine pneumatische Theologie in den Dienst des kirchlichen Managements gestellt und zu einem intellektuellen Experimentierfeld wird.

Die evangelischen Akademien bieten neuerdings Seminare über Kreativität an. Als man mich kürzlich um eine entsprechende Vorlesung bat, habe ich abgelehnt, und zwar mit der Bemerkung, daß man den heiligen Geist schlecht organisieren könne.

Es wird höchste Zeit, daß wir uns mit den Wirkungen des heiligen Geistes beschäftigen, und insofern hat Karl Barth schon eine Spürnase dafür gehabt, aber man kann den heiligen Geist nicht managen.

Der dritte Glaubensartikel („Ich glaube an den heiligen Geist") war immer schon unterentwickelt; denn der heilige Geist wurde stets als ein beunruhigendes und bedrohliches Element von der etablierten Kirche empfunden.

Schließlich hat sich die alte Kirche als Amts- und Rechts-Institution etabliert durch die Ausscheidung der Charismatiker. Man könnte dies so formulieren: Unter jeder Cathedra (Bischofsstuhl) liegt ein Prophet begraben.

Hat Paulus das enthusiastische Christentum bekämpft?

K.: Erfreulicherweise sympathisieren viele Bischöfe unserer Zeit mit der Jesus-people-Bewegung und ihren charismatischen Gaben.

Aber es gibt nicht wenige Theologen an unseren Universitäten, die ein enthusiastisches Christentum mit allen Mitteln zu bekämpfen versuchen und dabei sogar den Apostel Paulus ins Feld führen. Ich möchte eine typische Argumentation zitieren: „Paulus hat sich bereits wenige Jahre nach Jesus im 1. Korintherbrief (Kap. 14, 19 f.) entschieden gegen die pneumatische, ekstatische und enthusiastische Religiosität ausgesprochen und den nüchternen, rational reflektierenden und kontrollierten Glauben vertieft. Deshalb schrieb er an die Gemeinde in Korinth: ,In der Gemeinde will ich lieber fünf Worte mit meinem Verstand reden, damit ich auch andere unterweise, als zehntausend Worte in Zungenrede.' "

Würden Sie als Theologe auch so argumentieren?

Benz: Diese Antithese ist falsch; denn Paulus legt selbst großen Wert auf die Feststellung, daß er die Gabe der „Glossolalie" (Zungenreden) hat: „Ich danke Gott, daß ich mehr als ihr alle in Zungen rede (1. Kor. 14, 18). Aber offensichtlich waren die ekstatischen Äußerungen in der Gemeinde zu Korinth unangenehm stark hervorgetreten, nicht zuletzt durch das Auftreten der Frauen. In der jüdischen Synagoge durften die Frauen überhaupt nichts sagen. Sie waren getrennt von den Männern, saßen hinter einem Holzgitter und mußten einen Schleier tragen. Ein dreifaches Schutzgitter! Erst in den christlichen Gemeindeversammlungen hat der Heilige Geist, der auch die Frauen ergriff, der jüdischen und heidnischen Frau Freiheit, Recht und Anerkennung verschafft. Offenbar aber machten sie von ihrer charismatischen Freiheit — „den Geist dämpfet nicht" — nach dem Geschmack des Rabbi Paulus einen zu reichlichen Gebrauch. Deshalb versucht dieser wieder zu der synagogalen Gepflogenheit zurückzukehren und schreibt, die Frau möge in der Gemeinde schweigen.

Auf diesem Hintergrund müssen sie den häufig unkontrollierten Enthusiasmus vor allem der Frauen und die Zurechtweisung des Apostels Paulus verstehen. Darum folgert er weiter: „Aber in der versammelten Gemeinde will ich lieber fünf Worte mit meinem Verstand reden, damit ich auch andere unterweise, als zehntausend Worte in Zungenrede" (1. Kor. 14, 19).

Gottesdienstliche Ordnung

K.: In den Gottesdiensten der Jesus people, aber auch in vielen Pfingstgemeinden wird diese Weisung nicht befolgt. Mehrere Gottesdienstbesucher reden gleichzeitig in Zungen. Inzwischen haben einige Jesus-people-Gruppen das Zungenreden in ihren Versammlungen aus Gründen der Unordnung untersagt. Wie kann man den andern helfen?

Benz: Es gibt außer dem Zungenreden noch andere charismatische Gaben, die im Gottesdienst hervortreten. Einer empfängt einen Hymnus und fängt an zu singen. Ein anderer predigt, der dritte betet. Und wenn alles im selben Moment passiert, gibt es ein Chaos. Das scheint öfters in Korinth und wohl auch anderswo eingetreten zu sein. Paulus mußte deshalb die Gemeinde in Korinth zur Ordnung rufen und hebt daher die Predigt als wichtigste, weil verständlichste Äußerung hervor.

(Anmerkung: Paulus schreibt an die Gemeinde in Korinth: „Angenommen, die ganze Gemeinde trifft sich, und jeder fängt an, in überirdischen Zungen zu reden. Es kommen gewöhnliche Sterbliche oder Ungläubige herein. Werden sie nicht sagen, ihr seid verrückt? Angenommen aber, ihr verkündet göttliche Botschaften. Wenn dann ein Ungläubiger oder ein gewöhnlicher Sterblicher hereinkommt, wird ihn alles, was er hört, von seiner Sünde überzeugen und ihn prüfen ... Er wird Gott anbeten und bekennen: Gott ist wirklich hier bei euch!

Was will ich damit sagen? Ihr trefft euch zum Gottesdienst. Dann singt der eine ein Loblied. Ein anderer unterrichtet. Ein dritter hat eine Mitteilung von Gott. Wieder einer spricht in Zungen, und ein anderer hat die Erkärung dazu. Aber alles muß dem Aufbau der Gemeinde dienen.")

In überirdischen Sprachen (Zungen) sollen höchstens zwei oder drei sprechen, einer nach dem andern. Ein anderer muß die Übersetzung geben. Gibt es aber keinen, der es kann, soll der Betreffende schweigen. Er soll dann nur für sich mit Gott reden (1. Kor. 14, 23—29 nach NT 68).

Korinth — Los Angeles — San Franzisko

K.: Wenn ich an Korinth denke, fallen mir die amerikanischen Städte San Francisco und Los Angeles (Vorort Hollywood) im Bundesstaat Kalifornien ein.

Die Hafenstadt Korinth hatte nicht nur wirtschaftspolitische Bedeutung, sondern war vor allem wegen ihres zügellosen Lebens bekannt. „Korinthisieren" (wie ein Korinther leben) nannte man es, wenn jemand ein zügelloses Leben führte. Dort stand der große Tempel der „Liebesgöttin" Aphrodite mit ihren tausend Priesterinnen, die sich der kultischen Prostitution hingaben. — Die heidnischen Götter und Mysterienkulte standen ebenfalls hoch im Kurs. Daneben blühten die Philosophien und der Materialismus.

Die kalifornischen Hafenstädte bieten heute ein ähnliches Bild: Wirtschaftliche Blüte, genußsüchtiges Leben, Geburtsstätte und Hochburg der pseudoreligiösen Hippie- und Rauschgiftbewegung, des Sex- und Dämonenkults und Tummelplatz für ausgefallene Philosophien und Religionen. Ausgerechnet in solchen Städten, wo die Sünde mächtig geworden ist, ist die Gnade Gottes noch mächtiger in Erscheinung getreten.

In Korinth gab es eine erweckliche Gemeinde, in Kalifornien brach die Jesus-Bewegung auf. Allein in „Bethel Tabernacle", der „Hippie-Gemeinde" von Lyle Stennis in North Rodando, einem Vorort von Los Angeles, sind etwa 5000 Rauschgiftsüchtige durch den Glauben an Jesus freigeworden. Oft werde ich gefragt: Muß man erst rauschgiftsüchtig werden und in der Gosse liegen, bevor man bereit ist, die frohe Botschaft von Jesus zu erfassen? Feinde des Christentums würden jetzt mit Karl Marx sagen: Religion ist der Seufzer der bedrängten Kreatur. Wie würden Sie antworten?

Benz: Jede pneumatische Bewegung (z. B. die Jesus-people-Bewegung) steht in der Gefahr, daß sie entweder sich selbst ritualisiert oder von andern ritualisiert wird. Wenn man eine Voraussetzung als Eintrittsbillet für den Glauben fordert, dann könnte die Heilsarmee ebenfalls sagen: Bevor du nicht Säufer gewesen bist, kannst du kein Christ werden. Fest steht: die christliche Erfahrung von Buße setzt die Erkenntnis der Sünde voraus. Gemeint ist eine Erkenntnis des Bösen, mit dem man selber zu ringen hat und dem man schonungslos ausgesetzt ist.

Tausend Arten von Gefangenschaften können es sein. Es gibt geschichtsspezifische Formen des Verfallenseins. Früher war es wohl stärker der Alkohol, heute drängt sich die Rauschgiftsucht stärker dem Menschen auf.

Hans Habe kontra Helmut Thielicke

K.: Seit jeher ist das Rauschelement besonders bei der Jugend begehrt. Gegner der Jesus-Bewegung behaupten, die Jesus people seien von einem religiösen Rausch erfaßt.

Die Hamburger Tageszeitung „Die Welt" veröffentlichte einen Briefwechsel zwischen dem Publizisten Hans Habe und dem Theologen Helmut Thielicke über die Jesus-Bewegung. Hans Habe wendet sich energisch gegen die These von Thielicke, die Rauschgiftekstase könne man nur durch eine Form der Antiekstase bekämpfen. Habe meint, das Wort Ekstase stamme zwar aus dem kirchenlateinischen „ectasis", aber der im 16. Jahrhundert gültige Begriff des rauschhaften Zustandes höchsten Lebensgefühls habe in einer ekstatischen Zeit erhebliche Wandlungen durchlaufen. Heute sei die Ekstase eine Superekstase, die wahrhaft nur noch im Rausch erzeugt werden könne. Habe schließt mit den Worten: „Waren die ekstatischen Formen des Christentums immer zweifelhaft, so erscheinen sie mir heute geradezu unchristlich." Wem würden Sie als Kirchenhistoriker recht geben?

Ekstase und Orgie

Benz: Professor Thielecke hat völlig recht; denn Hans Habe macht einen entscheidenden Fehler: er verwechselt Ekstase und Orgie.

Das Christentum — die urchristliche Gemeinde — stand aber in einem totalen Gegensatz zu den orgiastischen Kulten der antiken Mysterienreligionen. (Anmerkung: Das Hauptanliegen des Mysterienglaubens — nur Eingeweihte durften an dem rituellen Gottesdienst teilnehmen — war die Hoffnung auf ein besseres Los im Jenseits. Mit Athen durch die Heilige Straße verbunden, wurde die griechische Stadt Eleusis Mittelpunkt eines solchen orgiastischen Geheimkults).

In Eleusis gehörten Drogen zu den rituellen Gottesdiensten der Mysten (Eingeweihte); sie aßen nach der Theorie einiger Forscher „heilige" Pilze.

Der griechische Dionysos-Kult zeichnete sich durch Ausgelassenheit und sexuelle Zügellosigkeit aus. (Anmerkung: Religiös verwirklichte sich den Griechen in Dionysos (Sohn des Zeus) eine Grundkraft ihres Lebens, obgleich ihnen der Rausch, in dem Dionysos sich bezeugte, unheimlich erschien.)

Diese orgiastischen Kulte waren, wie gesagt, bei den Christen streng verpönt. Andererseits gibt es aber doch eine spezifisch christliche Form von Ekstase, die uns bei den großen Mystikern der Kirchengeschichte von Meister Eckart an bis zu Tersteegen begegnet. Aber diese christliche Ekstase trug keine orgiastischen Züge, sondern war immer mit der Forderung „heiliger Nüchternheit" verbunden.

„Seid nüchtern und wachet", heißt es im Neuen Testament und nicht: „Hau' dir eine Spritze in den Arm und leg' dich auf die Matratze."

LSD oder das chemische Pfingsten

K.: In Ihrem Buch „Der Heilige Geist in Amerika" haben Sie ein Kapitel überschrieben „LSD oder das

„chemische Pfingsten." Sie setzen sich mit den pseudoreligiösen Thesen dieser chemischen Antireligion und dem LSD-Propheten Timothy Leary auseinander, dem sie in Amerika zweimal persönlich begegnet sind. Vor allem die Vorkämpfer dieser „Anti-Religion" haben sich gern auf das Pfingsterlebnis der Urgemeinde und auf die angeblichen Analogien berufen, die zwischen den Rauschgiftsymptomen von LSD und den leibseelischen Wirkungen der Gaben des heiligen Geistes, vor allem den visionären Erfahrungen wie dem Zungenreden und den ekstatischen Freude-Äußerungen bestehen sollen (S. 165 a. a. O.) Worauf führen Sie diese Gedankenverbindung zurück?

Benz: Timothy Leary verfolgt rücksichtslos das eine Ziel, seine LSD-Philosophie theologisch zu rechtfertigen. Ihre Anhänger behaupten, die Bewußtseinserweiterungen der LSD-Reisenden und der christlichen Mystiker seien identisch. Dabei haben beide Erfahrungsweisen überhaupt nichts miteinander zu tun.

Schauen wir uns doch mal „Meister Eckart" an. (Vornehmster Vertreter der christlichen Mystik, begnadeter Prediger und Lehrer 1260—1327). Er hat ein Leben lang um Gott gerungen in Gebet, Meditation und Askese. Unablässig war er bemüht, sein äußeres Leben in Zucht zu halten (Askese), seinen Geist zu disziplinieren und seinen Willen von Gottes Willen bestimmen zu lassen. Dieser christliche Glaubenskampf läßt sich doch in keiner Weise vergleichen mit dem Vorgang, daß ich mir eine Nadel in den Schenkel steche und mir — man kann nur sagen — eine gefährliche Schizophrenie chemisch induziere.

K.: Nun besteht Leary aber darauf, daß seine LSD-Trips mystische Erlebnisse hervorbringen. Könnte es sich nicht um religiöse Bedürfnisse handeln, die er in sein Unterbewußtsein verdrängt hat und die durch LSD wieder ins Bewußtsein dringen?

Benz: Diese Möglichkeit will ich nicht ausschließen. Mit LSD greift man in eine „embryonale" (unterentwickelt) Schicht ein, in der alle Sinnesempfindungen noch völlig ungeordnet sind. Alles geht durcheinander und gleitet ineinander über. „Die Farben tönen und schmecken, die Töne duften, die Düfte klingen … Ein Erlebnis, das die Illusion weckt, in einem grenzenlosen Universum die wahre Wirklichkeit berührt zu haben. Dazu kommt das Gefühl einer Allmacht, einer souveränen Überwindung aller materiellen und raumzeitlichen Hindernisse." (a. a. O. S. 182 f.). Mit „Bewußtsein" oder „Bewußtseinserweiterung" hat dies gar nichts zu tun.

Solche LSD-Visionen haben nichts gemeinsam mit echten religiösen Erfahrungen, die keine flüchtigen Sinnesfetzen, sondern bleibende Erkenntnisse und bleibende sittliche Zielsetzungen vermitteln.

Unterschied: LSD-Rausch und christl. Glaubenserfahrung

K.: Würden Sie die wesentlichen Unterschiede zwischen dem LSD-Rausch und der christlichen Glaubenserfahrung ein wenig konkretisieren?

Benz: Die echte religiöse Erfahrung schafft einen veränderten Menschen, sie bewirkt eine Neuformung des geistigen und sittlichen Lebens; sie leitet eine entscheidende Umkehr des Menschen ein und unterstellt seinen selbstsüchtigen Willen dem göttlichen Willen, seinen Verstand der Erleuchtung durch das göttliche Wort (S. 201 f. a. a. O.) „Der Drogenrausch dagegen ändert nichts, er schafft keine Erfüllung mit einem neuen Leben, mit einem neuen sittlichen Wollen, sondern hält seinen Adepten im egoistischen Bannkreis des Drogengenusses."

K.: Ich erlaube mir, Sie aus Ihrem o. g. Buch noch einmal zu zitieren. Ihre Formulierungen finde ich so treffend, daß sie in diesem Zusammenhang einfach nicht fehlen dürfen:

Benz: Im Unterschied zu den LSD-Kultisten haben die großen christlichen Visionäre einen feinen kritischen Instinkt gegen ihre eigenen visionären Erfahrungen entwikkelt. Die alt- und neutestamentlichen Visionen und Erlebnisse der großen Visionäre der christlichen Kirchengeschichte haben alle einen eindeutigen Sinngehalt: sie enthalten die Berufung zu einer bestimmten Sendung, die Prophezeiung einer bestimmten Botschaft, die Bekehrung zu einer bestimmten Lebensform, die Beauftragung zu einer bestimmten Tätigkeit. Die beglückenden Empfindungen, die Lust- und Seligkeitsgefühle, die solche Erfahrungen manchmal begleiten, sind nie als Selbstzweck verstanden worden . . . .

Diese reine Hingabe an Gott um Gottes willen stellt wohl die schärfste Antithese zu dem egoistischen Genuß dar, den die „Religion" aus dem Zuckerwürfel vermittelt.

Wohl am entscheidendsten aber ist, daß dieser „Religion" die Gnade fehlt. Auch der frommste Mystiker, der sein ganzes Leben mit Fasten, Gebet und Arbeit einsetzt, um das Heil zu erlangen, weiß, daß all seine Arbeit und Mühe Gott nicht zwingen kann, und daß es allein an Gottes unerfaßlicher Gnade liegt, seine beseligende, heilbringende, erneuernde Gegenwart zu erfahren" (a.a.O. S. 204 ff. auszugsweise).

K.: Durch die Jesus people sind die charismatischen Gaben und somit das visionäre Christentum wieder entdeckt worden. Nun beweist die Kirchengeschichte, daß Charismatiker nur vorübergehend das geistliche Klima in einer Gemeinde bestimmt haben. Sie weisen selbst darauf hin, daß Enthusiasmus nicht lange anhält! Gilt das auch für die Jesus-Bewegung?

Geistlicher Vulkan-Durchbruch

Benz: Lassen Sie mich ein primitives Beispiel gebrauchen. Ein Streichholz kann nur einmal angezündet werden. Dieses Bild ist übertrieben und stimmt insofern nicht, weil es nur auf bestimmte auffällige und anfängliche Erscheinungsformen der religiösen Erfahrung anwendbar ist. Deshalb darf keineswegs der Eindruck entstehen, als sei das Christentum auf solche Phänomene festgelegt. Tatsächlich ist das Zungenreden ein solches Phänomen, das nicht die Grundlage eines Dauerzustandes einer christlichen Lebenshaltung sein kann. Die Zungenrede ist kein Monopol des

Christseins. Man sollte der Sprachenrede die Vielheit der charismatischen Gaben gegenüberhalten. Ich halte es immer noch mit Graf Zinzendorf: „Christus hat viele Weisen, die Seinen zu sich zu ziehen."

Auch die christliche Ekstase läßt sich nicht systematisieren oder in ein Schema pressen; sie dient immer nur als Mittel, nicht als Ziel. Gerade die bedeutendsten Ekstatiker — z. B. Johann vom Kreuz und die heilige Therese — haben stets vor Ekstasen gewarnt aus der Sorge heraus, der Ekstatiker könnte hochmütig werden.

Wie gefährlich es ist, persönliche Glaubenserfahrungen zu schematisieren zeigt das Verhalten von August Hermann Francke (1663—1727), dem Begründer des hallischen Pietismus, der sein spezifisches Bekehrungserlebnis, den „Bußkampf", als die einzig zulässige Form der Bekehrung erklärte. Nur wer eine Bekehrung mit Bußkampf und Gnadendurchbruch nach dem Vorbild Franckes erlebt hatte, galt bei ihm als „bekehrt" und „wiedergeboren". Schließlich hat Francke, der als Theologieprofessor in Halle tätig war, beim König von Preußen erreicht, daß nur derjenige Theologiestudent eine Pfarre bekam, der von ihm eine Bescheinigung seiner Bekehrung vorwies.

Sie fragen, ob man die charismatischen Gaben festhalten könne? Ich weiß es nicht. Plötzlich erfolgt ein Vulkandurchbruch, die Gaben sind da. Aber schon bald folgt die Phase der Stabilisierung und Institutionalisierung. Aber dieser Vulkan bricht immer wieder aus.

K.: Meinen Sie, daß die Charismatiker auch ihre „Sternstunden" haben und danach einzelne Gaben wieder zurücktreten?

Benz: Die großen Erlebnisse der Bekehrung, der Geisttaufe, der Vision sind selten, oft nur einmalig. Tiefgehende geistliche Erfahrungen wiederholen sich selten. Donald Gee, der Führer der englischen Pfingstbewegung, hat gesagt: „Der Vater hat den verlorenen Sohn bei seiner Rückkehr geküßt. Aber niemand wird meinen, er habe ihn ununterbrochen weiter geküßt. Das normale Leben besteht in einem Wandel mit Gott und nicht in einer Reihenfolge geistlicher Aufpeitschungseffekte, die den Weg zum Himmel markieren" (siehe S. 216 a. a. O.).

Wenn zwei Fronten aufeinanderstoßen

K.: Wenn wir noch einmal die entscheidenden Gedanken über die Jesus people und ihre geistlichen Vorfahren zusammenfassen, denke ich an die Worte eines amerikanischen Theologieprofessors, der an Ort und Stelle die Jesus people miterlebt hat. Er schreibt u. a.: „Nun hilft mir der heilige Geist, zu sehen und sogar teilweise zu verstehen, worin die Einzigartigkeit seiner Wirkung besteht . . ."
Die Äußerungen des Glaubens der Jesus people sind sehr vielseitig, sie variieren vom Zungenreden, den erhobenen Händen, den sich rhythmisch bewegenden Körpern bis zur stillen Bewegung durch lauter Bereiche der Kirchen, die fast ausgetrocknet sind. Aber gerade hier werden die theologischen Schlachten über die Bewegung einsetzen. Ich möchte unsere Mitarbeiter daran erinnern, daß es in der Theologie genauso ist wie in der Meteorologie. Wenn zwei Fronten aufeinanderstoßen, muß man mit Turbulenzen rechnen. „Wenn der Winter in den Frühling umspringt, dann gibt es überall Tornados und Gewitter . . . " („Jesus people Report", Brockhaus Verlag, Wuppertal 1971). Wie beurteilen Sie diese theologischen Schlachten?
Benz: Ich sehe nicht ein, warum diese Turbulenzen sich nur in der Theologie äußern sollen. Wieviele theologische Schlachten sind in den letzten zweihundert Jahren über unsere Gemeinden hinweggegangen, ohne sie wesentlich zu ändern. Wir brauchen nicht so sehr theologische Erschütterungen, sondern vielmehr Turbulenzen des christlichen Lebens. Ich muß zurückblenden in die Kirchengeschichte. Im Hochmittelalter war das Christentum aufgrund der kirchlichen Feudalherrschaft total verweltlicht. Die Bischöfe waren als Landesherren eingesetzt, und ihre Diözesen (Kirchenkreise) galten als souveräne Länder. Die Säkularisierung erfaßte alle kirchlichen Bereiche. Die kirchliche Verkündigung war weithin unglaubwürdig geworden.

Franz von Assisi (1182-1226) war es, der das christliche Leben wieder glaubhaft machte, indem er es im Sinn einer wörtlich verstandenen Nachahmung Christi realisierte. Der Stein einer längst fälligen Reformation kam ins Rollen und löste eine große „Hippiebewegung" aus. Die Franziskaner liefen herum wie die Narren, sie trugen geflickte, aus vielen Stofflappen zusammengesetzte Kutten; Gitarre spielend zogen die bärtigen „Gaukler Gottes" durch die Lande. Auf ihre Weise wollten sie die Bergpredigt Jesu wieder glaubwürdig machen; inmitten einer „reichen" Kirche praktizierten sie das Armutsideal der völligen Besitzlosigkeit und dienten den Kranken und Armen.

Die Franziskaner Theologen scheuten sich auch nicht, die Feudalherrschaft der Kirche und den politischen Herrschaftsanspruch des Papsttums anzugreifen.

Verständlicherweise hatte die Kirche es sehr eilig, diese „Jesus-Bewegung" zu institutionalisieren und einen Orden (Franziskaner) daraus zu machen.

Ich wollte mit diesem kirchengeschichtlichen Beispiel deutlich machen, daß jede echte Reformbewegung nicht nur bei den Theologen, sondern im ganzen Kirchenvolk Turbulenzen ausgelöst hat (bis in den Kirchenbau, die Musik, die Kunst hinein).

Änderung der volkskirchlichen Struktur

K.: Ich finde es interessant, daß Franziskanermönche sich im Jahre 1776 auf dem Boden der nachmaligen Stadt, San Francisco, niederließen, die heute eine Hochburg sowohl der Hippie- wie der Jesus-Bewegung ist. Die damaligen Reformbestrebungen der Franziskaner scheinen in mancher Hinsicht identisch zu sein mit den Glaubenserfahrungen und Zielvorstellungen der heutigen Jesus people. Die amerikanischen Kirchen haben begonnen, von der neuen geistlichen Wetterfront Kenntnis zu nehmen.

Was passiert in Deutschland, wenn zwei „Wetterfronten" aufeinanderstoßen?

Benz: Die amerikanischen Christen sind besser dran,

weil die freikirchliche Struktur (in USA dominieren die freikirchlichen Gruppen) die gleichzeitige Existenz verschiedener Typen christlicher Erfahrung und Anschauung ermöglicht. Wir Europäer sind belastet mit dem Erbe der geschichtlichen Struktur unserer Kirchen als Volkskirche, die aber inzwischen gar keine Volkskirche mehr ist, sondern mehr oder weniger auf einen bestimmten Bürger- und Bildungstypus zugeschnitten ist.

K.: Mit andern Worten wird es auch bei uns Zeit, die volkskirchliche Struktur zu verändern.

Benz: Wahrscheinlich muß auch die Volkskirche bei uns eine freikirchliche Phase durchlaufen, bevor das Christentum in seinen vielerlei Formen und Gaben sich in unserer sogenannten „pluralistischen" Gesellschaft wesentlich entfalten kann.

Dazu gehört z. B. auch die Form des Gottesdienstes, der weitgehend einen musealen Charakter hat. Ich lehne die Tradition nicht ab, aber es muß doch einen Ausgleich geben zwischen den überlieferten geschichtlichen Formen, die man heute nicht mehr verstehen kann, und unserer heutigen Empfindung und Denkeinstellung.

Vermutlich gibt es eine sachgemäße, angemessene Verbindung traditioneller und moderner Formen. Diese muß erst erprobt werden.

K.: Und welche Impulse erwarten Sie für die nahe Zukunft für das kirchliche Leben?

Benz: Ich bin kein Prophet, und der heilige Geist läßt sich nicht organisieren. Um den heiligen Geist kann man nur beten.

Zu Beginn jedes Gottesdienstes singen wir: „Komm, Heiliger Geist". Aber diese Bitte ist zur bloßen Konvention geworden. Und über die einschläfernde Melodie dieses Liedes ärgere ich mich jeden Sonntag: es ist ein Dokument des ritualisierten und schematisierten Geistes geworden.

K.: Worin sehen Sie in dieser Situation Ihre Aufgabe?

Benz: Ich fühle mich überfordert, Rezepte zu verordnen.

Als Kirchenhistoriker habe ich von Anfang an auf die Wirkungen des heiligen Geistes als Realität hingewiesen.

Wie oft habe ich meinen Studenten gesagt: „Wo die charismatischen Gaben nicht in Erscheinung treten, gibt es kein geistliches Leben."

Andernfalls versammelt man sich, wie schon die radikalen Pietisten sagten, in einer „Mauerkirche", schart man sich um den „Bibelgötzen". (2. Kor. 3, 6: Der Buchstabe tötet, aber der Geist macht lebendig).

K.: In ihrem Buch „Der Heilige Geist in Amerika" schildern Sie sehr anschaulich „erlebte" charismatische Gottesdienste. Darauf können wir jetzt leider nicht mehr eingehen.

Ihre zusammenfassende Äußerung über das Wesen des christlichen Glaubens, „der keine institutionelle Sicherung hat, die ihn vor der Entartung definitiv bewahren könnte", ist gerade in unserer Zeit so wegweisend, daß ich Sie um eine Wiederholung bitten möchte.

Das Phänomen des Heiligen Geistes

Benz: „Das einzige Moment der ständigen schöpferischen Erneuerung ist der heilige Geist selbst. Sein Wirken aber steht im Zeichen eigentümlicher Gesetzlichkeit.

Der heilige Geist schafft Recht, denn was aus der Vollmacht des Heiligen Geistes durch den Mund des Geistträgers gesprochen ist, behält seine Gültigkeit für die Gemeinde. Der Heilige Geist schafft Gesetz; denn was durch seine göttliche Autorität angeordnet ist, verlangt ständige Befolgung. Der heilige Geist schafft heilige Überlieferung, denn was einmal durch den Mund des Propheten als Offenbarung zu der Gemeinde gesagt ist, das behält seine Bedeutung als Offenbarung und wird zur heiligen Schrift und zum Dogma. Der Heilige Geist schafft Liturgie, denn was aus der Spontaneität der Begeisterung durch den Heiligen Geist an Formen der Anbetung geschaffen wird, das verlangt kraft der Autorität der inspirierenden Macht nach Wiederholung und Nachahmung und wird ritualisiert.

Derselbe Heilige Geist aber bricht Recht, wenn das einmal geschaffene Recht zu der starren Form einer Institution geworden ist, die das weitere Wehen des Geistes nicht mehr duldet. Der Heilige Geist bricht Gesetz, wenn das Gesetz zu einer Fessel geworden ist, die die Schöpfungsmacht des Geistes behindert. Der Heilige Geist sprengt heilige Überlieferung, wenn diese Überlieferung nicht mehr der Erbauung des Gottesreiches, sondern nur mehr der Erhaltung der institutionellen Trägerin dieser Überlieferung selber dient. Der Heilige Geist bricht liturgische Ordnungen, wenn das alte Lied ein neues Lied nicht mehr zuläßt. Der Heilige Geist bleibt immer der Schöpfergeist ...

Diese schöpferische Vollmacht des Heiligen Geistes aber besteht darin, nicht nur Schwaches zu stärken, Krankes zu heilen und Gefälltes wieder aufzurichten, sondern Tote aufzuwecken und die Erweckten in das Reich des Lebens zu führen." (S. 224 a.a.O.)

VI. „Kill, baby, Kill" oder Hippies in der Hölle

Report über das Vorleben einiger Jesus people

„Kill, baby, kill" steht in frischer Farbe an einer Hauswand in Haight Ashbury, dem weltberühmten Hippie-Bezirk von San Franzisko. Hier lebten vor drei Jahren noch mehrere Tausend Jugendliche nach der Parole „make love, not war" (Macht Liebe, nicht Krieg). Damals träumte eine enttäuschte Generation von dem Paradies auf Erden. Die unzufriedenen Söhne und Töchter „satter" amerikanischer und europäischer Wohlstandsbürger brachten gerade noch genügend Kraft auf, jener scheinheiligen und kriegslüsternen Welt der Erwachsenen den Rücken zu kehren; aber die Kraft zu einem neuen Leben fehlte ihnen.

Auf ihrer Suche nach Liebe, Freiheit und Gewaltlosigkeit verirrten sie sich immer mehr in dem unheimlichen Dschungel menschlicher Leidenschaften und brutaler Auswüchse, hervorgerufen durch angestaute Aggressionen und Enttäuschungen. Am Ende starrten sie in den Abgrund der Hilflosigkeit, Verzweiflung und Resignation. Die einen flohen in den Rausch nach dem Motto „Gelobt sei, was high macht". Und die andern machten sich die abgewandelte Hippie-Parole zu eigen: „Make war, not love." Heute geschehen im ehemaligen Hippie-Paradies der sanften Blumenkinder die meisten Gewaltverbrechen. Und in „Haight Ashbury" fand der berüchtigte Kommuneführer Charles Manson junge Menschen, die „love and peace" längst aus ihrer Hippie-Philosophie ausgemerzt hatten und in ihrer Hilflosigkeit den Mordbefehl ihres „großen Meisters" bedenkenlos ausführten: „Kill, baby, kill."

Hippies proben den gewaltsamen Aufstand

Auf einer verwahrlosten Ranch am Rande von Hollywood, einem Stadtteil von Los Angeles, errichtete der heute

36jährige Charles Manson sein Schreckensregiment. Manchmal zählte seine Hippie-Kommune im „Tal des Todes" bis zu 200 verlorene Söhne und Töchter, die zu absolutem Gehorsam Manson gegenüber verpflichtet waren und ihn als „Christus" und „Satan" verehrten.

Vier von ihnen — ein junger Mann und drei Mädchen — ermordeten die amerikanische Schauspielerin Sharon Tate und fünf weitere Personen auf bestialische Weise. Vor Gericht sagte die Kronzeugin Linda Kasabian aus: „Wir wünschten alles zu tun, was ,Charly' von uns verlangte."

Vor Gericht klagte Manson, die Gesellschaft habe das Monster selbst geschaffen. Auf meine Frage, ob Mansons Vorwurf berechtigt sei, antwortete ein Schüler stellvertretend für viele im Religionsunterricht:

„Die Gesellschaft hat tatsächlich das Monster geschaffen, indem sie Manson und die andern Hippies unzufrieden machte; sie wurden lieblos behandelt und ausgestoßen. Darum halfen sie sich selbst und gründeten eine Kommune. Dort schürten sie den Haß auf die Gesellschaft. Ihren ersten Auftritt probten sie in der Luxusvilla von Roman Polanski, dem Ehemann von Sharon Tate."

Manson kam, sah, siegte

Wer ist dieser Charles Manson, der einen Stein der Gewalttätigkeit ins Rollen brachte? Die Stationen seiner Kindheit lesen sich wie ein Adressenverzeichnis der amerikanischen Gefängnisse und Erziehungsanstalten, in denen er insgesamt 17 Jahre seines bisherigen Lebens zubringen mußte.

„Mein erstes Verbrechen bestand darin, daß ich ohne Vater geboren wurde", verriet ,Charly' einem Journalisten im Gefängnis. Der Sohn einer 16jährigen Dirne kam 1934 in Cincinnati zur Welt und wuchs bei Verwandten auf, denen er als Vierzehnjähriger entwich. Als Autoknacker, Scheckfälscher und Dieb schlug er sich durchs Leben. Später hämmerte er seiner Hippie-Familie fast täglich ein:

„Wenn du niemanden hast, der dich liebt, dann hast du gar nichts."

Als Manson 1967 aus dem McNeil-Island-Gefängnis im Bundesstaat Washington entlassen wurde und in der Hippie-Hochburg von San Franzisko eintraf, war der Traum der gewaltlosen und freiheitsliebenden Blumenkinder gerade vorbei. Vorbei waren auch die Zeiten, wo suchende Hippies andächtig vor einem Holzkreuz standen, an das sie eine männliche Schaufensterpuppe genagelt hatten, die liebevoll auf ein hilfloses Kind in ihren Armen herabblickte. Damals identifizierten sie sich vielleicht noch mit jenem hilflosen Kind, das sich in einer vaterlosen Welt nach Geborgenheit sehnt. Nur wenige fanden den befreienden Zugang zu Jesus Christus.

Ein makabres Schauspiel

Stattdessen spielte Manson Christus und Satan in einer Person, und seine jugendlichen Anhänger waren begeistert. Fast täglich veranstaltete Manson mit seinen „Gläubigen" ein makabres Schauspiel. Nachdem er jedem Kommunemitglied eine LSD-Pille gegeben hatte, verkündete er mit sanfter Stimme: „Heute nacht stirbt Jesus am Kreuz, aber er wird wieder auferstehen." Daraufhin banden die Mädchen Manson an ein Holzkreuz, setzten ihm eine Dornenkrone auf und marterten ihn, bis er einen herzzerreißenden Angstschrei ausstieß. Nach einer Weile richtete sich Manson am Kreuz auf. „Meine Kinder", rief er, „ich bin nicht umsonst gestorben. Jetzt sind die Pigs (Schweine = alle Menschen, die nicht zur Manson-Familie gehören) an der Reihe. Sie alle werden ans Kreuz geschlagen und sterben." Nachdem seine Mädchen und Jungen ihn vom Kreuz losgebunden hatten, warfen sie sich vor ihm nieder und küßten seine Füße. Ein Schüler im Religionsunterricht kommentierte diese Kulthandlung folgendermaßen: „Der biblische Gott existierte nicht mehr für sie. Daher suchten sie unbewußt nach einem neuen Gott. Jeder freie Mensch sehnt sich nach irgendeiner Bindung und unterwirft sich ihr."

Kranke Gesellschaft als Sündenbock

Die amerikanische Schriftstellerin Jean Stafford findet
ähnliche Worte für die abgöttische Manson-Verehrung:
„Der Gott unserer Väter ist mit unsern Vätern dahingegan-
gen. Aber in ihrem Verlangen nach ihm ließen Susan, Linda und all seine Dienerinnen ihn wieder auferstehen in der
Gestalt eines tyrannischen Galgenvogels namens Charles
Manson." Manson, selbst Opfer unserer kranken Gesellschaft, verstand es, die Grundsehnsüchte der verzwei-
felten Hippies zu stillen. Er gab ihnen scheinbar das Gefühl der Geborgenheit, indem er ihnen sagte: „Ihr gehört
mir." Er befriedigte scheinbar ihren Freiheitsrausch, wenn
er philosophierte: „Es gibt nicht gut, es gibt nicht böse. Es
gibt kein Verbrechen und keine Sünde." Und schließlich
verschaffte er ihnen scheinbar ein übersteigertes Selbstbe-
wußtsein, indem er unsere Wohlstandsgesellschaft ausschließlich zum Sündenbock erklärte, auf die man alle
Minderwertigkeitskomplexe und eigenes Versagen abrea-
gieren konnte. Man mußte andere fertigmachen, weil man
mit sich selbst nicht fertig wurde. Wer mit sich selbst auf
Der Gewaltlosenführer Martin Luther King hat einmal
gesagt: „Das Kreuz ist das ewige Zeichen dafür, wie weit
Gott gehen will, um eine zerbrochene Gemeinschaft wieder
herzustellen. Die Auferstehung ist Symbol des Sieges Gottes über alle Mächte, die Gemeinschaft zu verhindern suchen. Der heilige Geist ist im Verlauf der Geschichte die
Realität, die ständig Gemeinschaft schafft. Wer gegen diese
Gemeinschaft handelt, handelt gegen die ganze Schöpfung."

Linda Kasabian hat ihren wahren Messias gefunden

Das Hippie-Mädchen Linda Kasabian, als Kronzeugin im
Manson-Prozeß weltbekannt geworden, ist inzwischen eine
überzeugte Christin geworden. „Ich habe jetzt meinen
wahren Messias gefunden", bekennt sie freudig. Ihr Mann,
von dem sie getrennt lebte, hat sich auch zu Jesus Christus
bekehrt. Der Glaube an Jesus hat sie glücklich vereinigt.

VII. Gefährdete Kirchen und ihr geistlicher Nachholbedarf

Interview mit Landesbischof D. Hermann Dietzfelbinger, München, Ratsvorsitzender der Evangelischen Kirche Deutschlands

K.: „Ich habe Angst, daß die traditionellen Kirchen die Jesus people zurückweisen und deshalb die echteste Neubelebung unserer Zeit verpassen", meinte der amerikanische Pfarrer John Bisagno aus Houston. Beurteilen Sie die Jesus-Bewegung auch so positiv?

Dietzfelbinger: Ich verstehe diese Äußerung zunächst nicht als Beurteilung der Jesus people, sondern als Frage an die traditionelle Kirche. Wo das Wort von Jesus Christus verkündigt, die Bibel neu ausgelegt wird, wo Bezeugungen des Geistes und der Kraft Gottes sich bemerkbar machen, müssen die traditionellen Kirchen sich fragen, ob nicht Gott mit seinem Volk neue, vielleicht auch ungewohnte Schritte tut. Dabei greift er immer weit über die verfaßte Kirche hinaus; denn seine frohe Botschaft richtet sich an alle Menschen. Zur Kirche Jesu Christi gehört der weite Blick. Ob die Jesus people die echteste Erneuerungsbewegung in unserer Zeit sind, vermag ich nicht zu beurteilen, dafür reicht meine Erfahrung noch nicht.

Jesus-Bewegung als Herausforderung

K.: Ein anderer amerikanischer Amtskollege aus Los Angeles, der Hochburg der Jesus-Bewegung, bekannte: „Ich fühle mich durch die Jesus-Bewegung herausgefordert und angespornt. Wir richten uns in unseren Kirchen oft nach Schablonen, die ihren ursprünglichen Sinn verloren haben. Oft versuchen wir, etwas am Leben zu erhalten, was irgendwann in der Geschichte mal Bedeutung hatte."

Welche „alten Hüte" ersticken in unseren kirchlichen Breiten aufbrechendes Leben?

Dietzfelbinger: Darin stimme ich mit dem erwähnten Pfarrer überein: Die Jesus-Bewegung ist wie schon andere vor ihr eine Herausforderung an jeden, dem es um die lebendige und gegenwärtige Christusbotschaft geht. Sie weckt die selbstkritische Frage, wo und wie ich mit meiner eigenen Verkündigung und meinem Lebenszeugnis dem Wirken Gottes ein Hindernis bin, statt ihm den Weg zu bereiten. Vor diese Frage muß sich die Kirche mit ihren Dienern alle Tage stellen lassen. Lebensordnungen, Gottesdienstformen, Frömmigkeitstraditionen, Gebetsformulare können sich verfestigen, so gut sie sein mögen.

Die Predigt, auf eine allzu rationale Theologie gegründet, kann einseitig intellektuell werden und versäumt es, den ganzen Menschen anzusprechen. Vor Einseitigkeit ist freilich auch eine Lebensbewegung nicht geschützt. Und der Schatz des Evangeliums wird immer in „irdenen Gefäßen" weitergereicht. Wie immer, so gilt auch angesichts der Jesus-Bewegung, daß das Leben der Kirche auf die Auferweckung durch den Geist Gottes angewiesen ist.

Aufforderung an eine gefährdete Kirche

K.: In diesen Tagen las ich folgenden Satz von Ihnen: „Wird die Kirche, wenn sie unverbindlicher Sprechsaal sehr verschiedener, ja gegensätzlicher Meinungen über Gott, Christus und Gebet wird, noch Kirche bleiben? Diese Frage bewegt nicht wenige im Innersten, wenn es in der Kirche Jesu Christi um das wahre Leben vor Gott und miteinander geht."

Welchen Rat würden Sie dieser „gefährdeten" Kirche geben?

Dietzfelbinger: Mein Rat heißt: Umkehr zu Gott und Glauben an das Evangelium! Vor Jahrzehnten begegnete ich einem Mann, an dem ich sah, wie man täglich neu auf Gott und sein Wort hören und in diesem Hören leben kann. So etwas möchte ich für die ganze Kirche erbitten. „Gefährdet" ist die Kirche dann, wenn sie nicht mehr das Ohr unmittelbar am Wort Jesu hat. Bitten wir den Geist

Gottes, damit er uns neu zum Glauben weckt! Dies ist die wichtigste Aufforderung an eine gefährdete Kirche.

Knechtsgestalt der Kirche

K.: Ein Berliner Mitglied der Jesus people erzählte in einer Fernsehsendung, wie er den ersten Anstoß zum Glauben bekommen habe. „Zuerst versuchte ich es in meiner alten Kirche. Aber ich hab' das nicht bekommen, wonach ich mich sehne. Kurz danach traf ich einen Freund, der mir von Jesus erzählte. Ich sagte: Du hast 'ne kleine Macke, geh' mal woanders hin. Aber irgendwie hat er mich doch angesprochen. Ich hab' gemerkt, er lebte anders als ich, er hatte Freude am Leben. Und dann übergab ich mein Leben Jesus."

Hunderte von jungen Leuten haben mir gegenüber fast wörtlich geäußert, durch die Predigt in der Kirche bekämen sie keine Hilfe zum Glauben. Worauf würden Sie diesen Mangel zurückführen?

Dietzfelbinger: Man muß einfach die Mangelkrankheiten der Kirche eingestehen, von ihrer volkskirchlichen Form bis zu einer verdünnten Verkündigung und einem nicht mehr aus dem Glauben lebenden Tun. Gerade wer ständig mit Gottes Wort und der Gegenwart Christi zu tun hat, weiß das von sich selbst. Er wird aber auch dankbar für das, was dieser Kirche trotzdem gegeben ist: Bibel, Gebet, Taufe, Abendmahl, Vergebung der Sünden, Gemeinschaft. Auch viele Bewegungen neben und außerhalb der Kirche leben doch von dem, was eben diese Kirche ihnen durch die Zeiten bewahrt und gibt. Sie selber wird sich freuen, wenn in ihr oder neben ihr auf neue Weise Glaube und Freude entspringen; „... wenn nur Christus verkündigt wird auf allerlei Weise ..."

„Gottloser" Pfarrer

K.: In einem Interview mit der „Welt" über die Jesus-Bewegung sagte der Hamburger Drogenpastor Dr. Schulz:

„Im Frühjahr habe ich vor der Gemeinde praktisch Farbe bekannt und ihr die Behauptung zugemutet, Gott gäbe es nicht."

Macht eine Kirche sich nicht unglaubwürdig, wenn sie einen „gottlosen" Pfarrer als Gemeindehirten einsetzt?

Dietzfelbinger: Die Geschichte ist mir unbekannt. So möchte ich mich dazu nur allgemein äußern, zumal ja ein Name genannt ist. Natürlich wird eine Kirche sich so ernsthaft wie nur möglich um Pfarrer bemühen, die ihrem Auftrag treu sind. Sie wird die Vorbereitung und die Prüfung für die Ordination besonders ernst nehmen. Andererseits weiß ich, daß Jesus oft auch aus zweifelnden, verleugnenden Jüngern seine großen Boten gewonnen hat und gewinnt.

Wie würde Jesus helfen?

K.: Auf die Frage des Reporters, wie er Drogensüchtigen beistehen würde, antwortete Dr. Schulz: „Ich habe nie Hilfe über die Botschaft Jesu angeboten. Ich habe nie gesagt: „Laß uns beten" oder „Du mußt jetzt an Jesus glauben . . ." Ich würde weiter immer sagen: „Leute, überlegt euch genau, ob das nicht nur eine Stimulans für den Augenblick ist."

Halten Sie diesen gewiß gut gemeinten Rat für ausreichend?

Dietzfelbinger: Glaube und Denken sind nicht nur Gegensätze, sondern können auch zusammengehören. Auch die Kräfte, die wir unter die Gaben des ersten Glaubensartikels rechnen, empfangen wir aus Gottes Händen. Wenn der Geist Gottes wirkt, kann er durchaus auch die natürlichen Kräfte des Menschen beanspruchen. So blicke ich mit großer Achtung auf Ärzte, Psychologen, Pädagogen und andere Sachverständige, die sich mit den ihnen gegebenen Erkenntnissen um gefährdete Menschen bemühen. Auch sie können ihren Dienst im Namen Jesu Christi tun. Aber weil Jesus Christus, der uns durch die Vergebung der Sünden mit Gott zusammenbringt, uns nach Seele und Leib heilen will, bleibt immer die Rückfrage an die Gemeinde Jesu Christi: welches ist der Erweis des Geistes und der Kraft auf diesem Gebiet, der von der Gemeinde Christi für den gefährdeten Menschen gefordert ist? Leben wir eine Gemeinschaft, eine Freiheit, eine Verbundenheit mit Gott, die es wert ist, gefährdeten Menschen mitgeteilt zu werden?

Früher habe ich meine Eltern gehaßt

K.: Welche Konsequenzen der lebendige Glaube an Jesus mit sich bringt, erfuhr ich von Harris, einem neunzehnjährigen jungen Mann, der sich auch zur Jesus-people-Bewegung zählt.

Nebenbei erzählte er mir, daß Sie sich vielleicht noch an ihn erinnern könnten. Zusammen mit Ihren Enkeln besuchte er ein Internat im süddeutschen Raum.

Nachdem Harris die Rauschgifthöhlen in Istanbul und fast alle menschlichen Gemeinheiten am eigenen Leib zu spüren bekommen hatte, kapitulierte er — wie der verlorene Sohn — vor Gott und erlebte die befreiende Kraft Jesu. Harris wurde von seiner Rauschgiftsucht geheilt. Heute bekennt er: „Ich habe früher mit meinen Eltern immer im Streit gelebt und sie geradezu gehaßt. Heute freu' ich mich richtig, wenn ich nach Hause komme. Mein Verhältnis zur Schule hat sich geändert. Ich freu' mich über jede Gelegenheit, wenn ich was lernen kann, was mich weiterbringt. Mein Verhältnis zur Gesellschaft hat sich geändert. Ich versuche, sie nicht gleich abzulehnen. Heute bemühe ich mich, an die Menschen heranzukommen.

Und mein Verhältnis zum Rauschgift hat sich geändert. Wenn ich heute Hasch rauchen würde, sähe ich darin eine unangenehme Bewußtseinsstörung."

Wie erklären Sie sich diese totale Veränderung?

Dietzfelbinger: Man kann diese Veränderung zunächst einfach mit Freuden zur Kenntnis nehmen. Solche Veränderungen eines Menschen lassen verschiedene Deutungen zu. Es gibt viele, die einfach auf dem „natürlichen" Weg zustande kommen — ich sage wie oben: aus den Kräften des ersten Glaubensartikels. Auch Jesus Christus, wenn er einen Menschen heilt, greift ja in die großen Schatzkammern Gottes, des Schöpfers, des Vaters und Gebers aller guten Gaben. Gerade mit diesen Gaben kann Jesus einen Menschen bis ins leibliche, natürliche Leben hinein verändern. Freilich weiß ich auch aus dem Neuen Testament, daß, solange wir leben, das „Fleisch" gegen den „Geist" kämpfen kann. Darum freue ich mich über jede Veränderung zum Guten. Den Glauben baue ich freilich nicht auf die Veränderung, sondern auf Jesus Christus selber.

Bekehrungsgeschichten nüchtern gesehen

K.: Der Hamburger Drogenpastor Dr. Schulz ist von solchen „Bekehrungsgeschichten" wenig beeindruckt, wenn er sagt: „Ich wehre mich dagegen, daß die gleichen Leute, die vorher Ho Chi Minh schrien, jetzt plötzlich Jesus schreien . . . Die Leute sind nämlich die gleichen geblieben, die Motivationen sind die gleichen geblieben, nur die Begriffe haben sich ein bißchen geändert."
Was würden Sie dazu sagen?
Dietzfelbinger: Man soll durchaus kritisch sein gegenüber Berichten, die von einer völligen Veränderung des Lebens erzählen. Oft genug tritt auch ein Rückschlag ein. Im übrigen gibt es nicht nur pneumatische, sondern auch psychische Veränderungen. Nach dem Zeugnis des Neuen Testaments können die gleichen Wunder von Jesus getan werden und von anderen Mächten; es ist hier sehr nüchtern. Darum werden die Veränderungen meistens nur kurz berichtet. Dagegen fällt alles Licht auf die Begegnung mit Jesus Christus selber. Er ist der Herr aller Gewalten — er kann dann aber auch Menschen so umkehren, daß nicht nur Begriffe, sondern das Herz geändert wird.

Jesus ist der Größte

K.: Es gibt Soziologen, die sich fragen, woran es liegen könnte, daß junge Leute ausgerechnet auf die Gestalt Jesu zurückkommen. Sie meinen, die Gestalten der Wirklichkeit wie Che Guevara, Mao, seien zu real nachprüfbar und darum würden sie enttäuschen. Dies sei bei Jesus nicht der Fall.

Kann ein Theologe diese Behauptung akzeptieren?

Dietzfelbinger: Man kann auch umgekehrt argumentieren. Die Wirkung Jesu ist seit vielen Jahrhunderten immer wieder zwar nicht nachprüfbar, aber dem Glaubenden klar und in der Wirklichkeit des Lebens vorhanden. Wenn ich glaube, daß Jesus nicht eine Gestalt der Vergangenheit, sondern der lebendige Herr ist, werde ich natürlich die Vermutungen der Soziologen nicht abstreiten können. Sie sollen ja auch prüfen, so gut sie können. Aber ich werde ebenso aussprechen, daß Jesus Christus sich durch 19 Jahrhunderte hindurch doch als ein treuer Erlöser erwiesen hat, dem ich mehr trauen kann als den vergänglichen Größen wie Che Guevara oder Mao.

„Zurechtgemachte" Jesusbilder

K.: Als Johannes Lehmann, der Verfasser des „Jesus-Report", nach dem Jesus-Bild der Jesus people gefragt wurde, antwortete er: „Dieser Jesus, den die Leute sich jetzt zurechtmachen und der auch von der Kirche seit 2000 Jahren zurechtgemacht worden ist, ist ja nicht der historische Jesus. Das ist ein unverbindliches Vorbild, dem man nachschwärmen kann."

Ist das neutestamentliche Jesus-Bild wirklich zurechtgemacht?

Dietzfelbinger: Auch die als historisch bezeichneten Jesus-Bilder sind — das von Johannes Lehmann beschriebene eingeschlossen — „zurechtgemacht". Die historisch-kritische Forschung ist nicht so vorurteilslos, wie sie sich gibt. Auch in ihr spiegelt sich die jeweilige Zeitmeinung mit ihrem Verständnis von Jesus: der Held, der weise Lehrer, der Revolutionär scheinen dann hindurch. Im übrigen haben auch die Schriftsteller des Neuen Testaments, so gut sie es konnten, „Geschichte" berichtet, vgl. Lukas 1, 1—3. Allerdings verschwiegen sie darin nicht die Erfahrung des gekreuzigten und auferstandenen, gegenwärtigen Christus, die sie überwältigte. Dieses Jesusbild kam über sie, oft gegen und über ihre Einsicht hinaus. Wenn das Neue Testament Jesus Christus als den Herren verkündigt, ist es deswegen unhistorisch, ungeschichtlich?

Der Gekreuzigte und Auferstandene bejaht das Leben

K.: Im Religionsunterricht habe ich die Jesus-Bilder aus deutschen und amerikanischen Jesus-people-Zeitungen vorgestellt und von den Schülern beurteilen lassen. Die Bilder waren folgendermaßen beschriftet: „Jesus ist der Befreier", „Lächle, Gott liebt dich", „Jesus ist wie eine Brücke über reißendes Wasser", „Jesus lebt".

Auf die Frage, wodurch sich dieser Jesus von dem in unseren Kirchen gepredigten Jesus unterscheide, antworteten einige Hundert Berufsschüler: „In der Kirche wird uns der leidende, hier der lebenbejahende Jesus angeboten."

Haben die jungen Leute nicht recht?

Dietzfelbinger: Das Urteil der jungen Leute ist bemerkenswert. Auf den ersten Blick mögen sie vielfach recht haben. Es gibt eine Kreuzespredigt, die zu viel vom Leiden spricht. Andererseits kann uns ein lebenbejahender Jesus verkündigt werden, der in der Erfahrung des Leidens — und das gehört zum Leben — nicht standhält. Weil Jesus durch den Tod gegangen ist, darum kann er ein Leben geben, das bleibt. „Lebenbejahend" ist Jesus gerade darin, daß der, der an den Gekreuzigten und Auferstandenen glaubt, lebt, auch wenn er leiden und sterben muß.

Der ausgestreckte Zeigefinger

K.: Die Jesus people bekennen sich zu Jesus, ihrem lebenbejahenden Reformer, den sie über alles lieben. Ihr gemeinsames Zeichen ist der ausgestreckte Zeigefinger, der nach oben weist. Sie bekennen mit Petrus: Das Heil finden wir nur in Jesus.

Halten Sie diesen Absolutheitsanspruch heute noch für berechtigt?

Dietzfelbinger: Jesus selber bezeichnet sich als d e n Weg, d i e Warheit und d a s Leben. Das ist nicht dasselbe wie der „Absolutheitsanspruch" des Christentums, der oft mit Macht, kultureller und geistiger Überlegenheit vertreten worden ist. Der Anspruch ist fordernd, das Evangelium ist werbend, Jesus selber erfüllt seinen „Anspruch", indem er der Erlöser für uns ist. Weil er zugleich bei Gott und bei den Menschen zu Hause ist, darum ist niemand sonst so vollmächtig für uns da wie er — auch vor Gott, auch im letzten Gericht.

Kirche ist offen für Jesus-Bewegung

K.: Während der Gründer der Jesus people in Berlin, Rev. Spitzer, eine Zusammenarbeit mit den Kirchen befürwortet, erwiderte ihm Prof. Klaus Künkel (ev. Theologe aus Münster) in einem Rundfunkgespräch: „Wenn die Jesus-Bewegung eine Alternative wäre zur Kirche und davon zeugte, daß der Heilige Geist auch außerhalb der Kirche sein kann, dann würde diese Bewegung von mir sehr begrüßt als eine Herausforderung an die Kirche."

Würden Sie Künkel oder Spitzer rechtgeben?

Dietzfelbinger: Ich kann hier keine klare Alternative erkennen. Wenn die Kirche die Gemeinschaft der Menschen ist, unter denen Jesus Christus als der Herr und Heiland verkündigt wird, dann reicht sie weit. Eine Begegnung zwischen der institutionalierten Kirche und den Jesus people, in der es gegenseitiges Lernen und kritische Herausforderung gäbe, begrüße ich sehr. So glaube ich, daß die beiden

Urteile sich gar nicht so sehr voneinander unterscheiden. Die Jesus people können eine Herausforderung an die Kirche sein. Umgekehrt wird eine von Christus her lebende Kirche offen sein für jede echte Jesus-Bewegung.

Gottes Geist ist unberechenbar

K.: Ein Reporter machte eine Umfrage bei einigen deutschen Pfarrern, ob sie auf das Überschwappen der Jesus-Bewegung vorbereitet seien und ob das theologische Instrumentarium ausreiche, um aus dieser unorthodoxen Laien-Bewegung das Beste für die deutschen Kirchen herauszuholen. Der Tenor ihrer Antworten war: Nicht vorbereitet. Wie lautet Ihre Antwort?

Dietzfelbinger: Überraschungen treffen uns meist unvorbereitet. Auf die Auferweckung Jesu Christi von den Toten waren die Jünger auch nicht vorbereitet. Der Geist Gottes läßt sich nicht berechnen; er weht, wo er will. So gibt es Überraschungen im Leben des einzelnen wie im Leben der Kirche. Die beste Vorbereitung auf neue Schritte, die es in der Kirche gibt, ist eine theologisch-kirchliche Arbeit, die mit dem Heiligen Geist rechnet. Es ist zuzugeben, daß hier unter uns gerade in letzter Zeit vieles „unterentwickelt" ist: Übung des geistlichen Lebens, Spiritualität, Glaube an den Heiligen Geist, Theologie des Heiligen Geistes. Es ist gut, wenn uns Gott auf mancherlei Weise heute auf diesen Nachholbedarf aufmerksam macht.

VIII. Alles ausprobiert und leergebrannt, bis Jesus kam

Bekenntnis einer Siebzehnjährigen aus New York

Mißtrauisch, ja fast widerwillig wuchs ich in einer haßerfüllten und kalten Welt auf, die zusehends unerträglicher für mich wurde. Ich fing an zu träumen und zog mich immer mehr in meine Wunschwelt zurück, die mir süßer erschien als die brutale Wirklichkeit.

Darum rebellierte ich

Da meine Eltern lutherisch angehaucht waren, besuchte ich zunächst eine christliche Grundschule, wo mir Theorien über christliche Lebensführung und die Güte des Menschen vermittelt wurden. Unglücklicherweise lernte ich keinen Menschen kennen, der das auslebte, was von mir verlangt wurde. Als ich elf Jahre alt war, wurde mein Vater in eine Nervenheilanstalt eingeliefert. Da meine Mutter nachts arbeitete und tagsüber kaum zu Hause war, fühlte ich mich einsam und unverstanden. Und die Kirche machte zwar großartige Versprechungen, hatte mir aber nichts zu bieten. Darum rebellierte ich. Wonach sollte ich mich richten?

Rauschgifthöhlen und Lippenstiftlächeln

Bereits mit zwölf Jahren stolperte ich in die Welt des Rausches: Ich schluckte Aufputschmittel, rauchte Haschisch, lungerte an den Straßenecken herum und ließ mich zu Sexspielen einladen.

Auch dieses Leben ließ mich in meinem Inneren unbefriedigt. Ich blieb einsam, obwohl ich über Mädchen- und Jungenfreundschaften nicht klagen konnte.

Als Zwanzigjährige verkleidet, aber erst vierzehnjährig, freundete ich mich mit einem zwanzigjährigen Go-Go-

Girl (Tänzerin) an; wir schlugen unsere Zeit tot in Cafés und Rauschgifthöhlen von East Village, dem Hippieviertel von New York, oder wir verkehrten in Nachtclubs am Broadway. Ziemlich rasch stiegen wir von Hasch und Aufputschmitteln auf härtere Drogen, wie Opium, LSD, Meskalin und Speed um. Und aus den zunächst scheuen Sexspielereien wurden Sexorgien; die sogenannte freie Liebe war an der Tagesordnung.

Je länger ich hinter die Kulissen schaute und den wehmütigen Schmerz erkannte, der unter dem Lippenstiftlächeln verborgen lag, verlor das rasante und grellfarbene Nachtklubleben seinen Reiz für mich.

Blumenkinder und Meditationen

In jener Zeit fühlte ich mich unheimlich angezogen von den Hippies. Damals glaubte ich, sie lebten in einer echten, realen Welt. Ich fand den Weg zu den „Blumenkindern".

Kaum fünfzehn Jahre alt, lebte ich gemäß der Hippie-Philosophie mit einem 23jährigen Revolutionär zusammen, der fortwährend phantastische Welten erspann, anarchistische Theorien entwickelte und sich mein Leben als Artistin vorstellte. Die letzten Geheimnisse des Lebens sollten uns die gemeinsamen LSD-Trips vermitteln. Tag und Nacht waren wir beieinander, 24 Stunden lang. Wir lachten und weinten und verbrachten auch die stillen Augenblicke miteinander. Dennoch blieb die Sehnsucht nach einem erfüllten Leben ungestillt.

Nach sechs Monaten trennten wir uns, es war ein dramatischer Akt. Auf der ständigen Suche nach Wahrheit schloß ich mich in East Village einer Kommune an. Wochenlang studierten wir buddhistische, hinduistische und andere östliche Philosophien. Wir mieden die freie Liebe, machten Meditationsübungen und sangen zu Gitarreklängen. Wir strebten nach Liebe und wollten friedlich miteinander leben.

Nach außen gaben wir eine gute Show. Die Leute waren beeindruckt, aber wir selbst waren weit davon entfernt, innerlich befriedigt zu sein. In unseren Herzen wußten wir, daß wir jämmerlich versagt hatten. Es klappte einfach nicht.

Schatzgräber und Naturanbeter

Ungefähr um Weihnachten herum (1970) fingen wir an, in unserer Kommune die Bibel zu lesen. Was wir lasen, verschlangen wir förmlich. Wie Schatzgräber kamen wir uns vor. Wir entdeckten in der Bibel einzigartige Schätze, die wir in all den andern Büchern vergeblich gesucht hatten.

Obwohl alle andern Kommunarden von dieser biblischen Welle erfaßt wurden und Jesus immer deutlicher aufleuchtete, zog es mich fort von New York; ich wollte dem schmutzigen Stadtleben den Rücken kehren. Ich wollte umgeben sein von der unbefleckten Schönheit der Natur, ich wollte frische Luft atmen und mich über den blauen Himmel freuen. Inmitten der unberührten göttlichen Schöpfung müßte ich Befriedigung finden und vollkommenes Glück genießen.

Romantiker und Indianer

Ich trampte nach Arizona und fand Unterschlupf in einer romantischen Höhle, gelegen in einer herrlichen Landschaft. Ich ernährte mich von den Früchten des Feldes und der Bäume. Außer mir wohnten noch sieben Hippies, umgeben von Tieren, in dieser Abgeschiedenheit. Mich bezauberten die kristallklaren, fließenden, tanzenden und stillen Wasser in den unzähligen Bächen und Flüssen; da waren die buntschillernden Blumen neben der eintönigen Wüste. Tagsüber beschien uns die goldene Sonne und nachts funkelten die Sterne und der Mond. Ich konnte nachdenken über die spannende Geschichte der Indianer. Dies alles war eine Quelle der Faszination.

Leider verlor auch diese äußere Pracht und Herrlichkeit allmählich ihren Reiz. Mein Herz blieb unbefriedigt.

Ich versuchte, der harten Wirklichkeit meiner inneren Todverfallenheit und der Vergänglichkeit dieser Welt ins Auge zu schauen. Eines Abends wurde mir innerlich klar, daß ich hier nicht bleiben sollte.

New York und die veränderten Kommunarden

Am nächsten Morgen rollte ich meinen Schlafsack zusammen und packte meine sieben Sachen in den Rucksack, um nach New York zurückzukehren. Wie ein starker Magnet zog mich die Kommune in East Village an. Fünf Tage brachte ich auf der Landstraße zu, bis ich New York erreichte. Nachdem ich bei meiner Mutter kurz hereingeschaut hatte, landete ich bei meinen ehemaligen Freunden. Ich hastete die vier Treppen zur Küche hinauf und begrüßte keuchend zwei „Schwestern", die gerade das Abendessen vorbereiteten. Es gab einen stürmischen Empfang; sie umarmten mich, und von ihnen ging eine eigenartige Wärme aus; in ihren Augen beobachtete ich einen seltsamen Glanz. Während wir gemeinsam noch einige Treppen höherstiegen ins Wohnzimmer der Kommune, wo die andern zusammensaßen, empfand ich die ungewohnte Fürsorge meiner beiden „Schwestern" ungemein wohltuend. Als ich die andern wiedersah und auf ihre Gesichter starrte, traf mich derselbe fürsorgende, liebende Blick. Natürlich mußte ich zunächst erzählen von meiner abenteuerlichen Reise. Von dem Gitarrespiel am lodernden Lagerfeuer bei Mondaufgang und von dem indianischen Lehrer, der mir begegnet war. Aber während ich erzählte, wurden sie ein wenig traurig. Und als ich eine kurze Pause machte, meinte einer von ihnen, die Einheit der Religionen führe nicht zum wahren Leben. Und dann sprachen sie von Jesus, dem Sohn Gottes, er sei der einzige Weg zum Leben. Jesus habe ihnen dieses Leben geschenkt.

Strahlende Gesichter und Jesus

Es war die tiefgründige Art und die friedliche Atmosphäre und die innere Harmonie, die mich veranlaßten, ihre Worte ernsthaft zu erwägen.

Aufmerksam hörte ich ihnen zu, wenn sie ihre persönlichen Glaubenserfahrungen mit Jesus weitergaben. Nachdem Gott das Licht in ihren Herzen durch Jesus angezündet hatte, kehrten sie der hinduistischen und buddhistischen Religion den Rücken. Wahrheit und Liebe strahlten aus ihren Augen, eine wundervolle Schönheit, die um sie glühte. Nachdem wir gegessen hatten, begannen meine Brüder und Schwestern zu beten und Gott zu preisen. Nun wurde mir klar: sie hatten den Frieden, die Liebe und die Fülle des Lebens, wonach ich solange gesucht hatte. Ich fühlte mich buchstäblich eingehüllt von einem süßen Duft, der aus ihren Herzen strömte. Jesus war für sie eine Realität. Weil ich mich nach diesem Leben sehnte, blieb ich bei ihnen. Die Tage vergingen, und ich verschlang Gottes Wort wie ein Durstiger erfrischendes, klares Wasser. Mein Lebensdurst wurde gestillt. Zum erstenmal in meinem Leben wußte ich mich geliebt. Jesus liebt mich. Er verließ den Himmel und kam auf die Erde, nahm Menschengestalt an und ertrug Schmerz und Tod, alles, was ich verdient habe. Meine gerechte Strafe büßte er für mich am Kreuz. Dafür bietet Jesus mir Leben, Freude, Liebe und Frieden an. Es ist wunderbar, was Jesus mir erworben hat.

Vom Tod zum Leben

Als ich ihm mein Herz öffnete und ihm mein Vertrauen schenkte, durfte ich seine mir zugewandte mächtige, unveränderliche und wahre Liebe erkennen.

Als ich mich dem Lichte seiner herrlichen Botschaft aussetzte, konnte ich nur noch mein häßliches, beschmutztes Leben erkennen, das ich bei ihm ablegen durfte. Jesus ist wunderbar.

Heute weiß ich, was es heißt: Dürstet jemand, so

komme er her zu mir und trinke. Wer an mich glaubt, wird niemals dürsten.

Jesus sagt weiter: „Wahrlich, wahrlich ich sage euch: Wer mein Wort hört und glaubt an Gott, der mich gesandt hat, der hat ewiges Leben und kommt nicht ins Gericht; er ist vom Tode zum Leben hindurchgedrungen."

Nun weiß ich, was das bedeutet.

IX. Heilsame Unruhestifter im Kreuzfeuer der Kritik

Interview mit Präses D. Hans Thimme, Bielefeld,
Bischof der Evangelischen Kirche von Westfalen

K.: Die linksorientierte Wochenzeitung „Konkret" entwirft folgendes Bild von der Jesus-Bewegung: „Das linke Sing out hat begonnen, der religiöse Hula Hoop ist die Antwort. Man erträgt die Realität nicht mehr, man verleugnet sie und hofft auf den Himmel. Die Jesus-Revolution ist nicht der Anfang einer Bewegung, sondern der Endpunkt einer Entwicklung ... Man wirft sich in die Arme eines Übervaters, der gut ist, weil die erfahrene Wirklichkeit nicht gut ist."
Wie deuten Sie diese Beurteilung? Sind die Jesus people auf der Flucht vor der Wirklichkeit?

Flüchten die Jesus people vor der Wirklichkeit?

Thimme: Ich möchte „Konkret" fragen, ob „Realität" sich lediglich auf den sichtbaren, materiellen und verfügbaren Bereich beschränkt. Gibt es nicht Realitäten, die unser menschliches Denken und Wollen übersteigen? Gerade die heutige Jugend spürt, daß wissenschaftliche und technische Anstrengungen nicht genügen, um die ganze Wirklichkeit zu erschließen. Die Frage nach dem Sinn des Lebens gehört zum menschlichen Realitätsverständnis. Enttäuscht von den hochgespannten Erwartungen des technisch-wissenschaftlichen Fortschritts, ist der moderne Mensch neu auf der Suche nach „der Wirklichkeit". Der Mensch ist nun einmal ein transzendent orientiertes Wesen; er kann die Sinnfrage aus seiner Existenz nicht ausklammern. Deshalb kann er sich nicht mit einer vorläufigen Antwort zufriedengeben, sondern sehnt sich nach echter Begegnung mit der Wahrheit. Insofern sind die Jesus people nicht etwa nur auf der Flucht vor der Realität, sondern auf der Suche nach der wahren Realität. Sie haben die Botschaft von Jesus Christus entdeckt; diese biblische Wahrheit wäre für alle eine entscheidende Bereicherung, die einem bloß materiellen Wirklichkeitsbegriff huldigen.

Politische Enttäuschung als positiver Impuls

K.: Nun gibt es andere Kritiker, die das Aufkommen der Jesus-Bewegung und das spontane Interesse bei der Jugend mit den politischen Mißerfolgen des letzten Jahrzehnts in Verbindung bringen. Der katholische Journalist Martin Stankowski formulierte es so: „Ohne bedeutende politische Erfolge schmückt die bedrängte Kreatur allzu gern ihre Ketten mit den Blumen der Religion." Führen Sie das zunehmende religiöse Interesse auch auf die politischen Mißerfolge zurück?

Thimme: Ich bin tatsächlich der Meinung, daß die Enttäuschung über ausbleibende Sinnerfüllung dazu beiträgt, eine befriedigende Lösung an anderer Stelle zu suchen. Bisher hat man an den unbegrenzt und geradlinig nach oben weiterführenden Fortschritt geglaubt. Die wirtschaftliche und politische Entwicklung sollte bessere Verhältnisse schaffen. Man hat vom Frieden gesprochen, als könne man ihn machen und über ihn verfügen. Und plötzlich muß man feststellen, daß aller Fortschritt zweideutig und zwielichtig ist. In diesem Sinne werden in dem englischen Bestseller „Das Selbstmordprogramm" Technik und Naturwissenschaft der Gegenwart in ihrer Ambivalenz und Problematik entlarvt. Wer ehrlich und kritisch nach Sinnerfüllung fragt, kann nur enttäuscht über das Angebot menschlicher Leistung und Vernunft sein. Aber diese Enttäuschung ist nicht nur ein negativer Ausgangspunkt, sondern ein positiver Anreiz. Man setzt die eigentliche Sinnfrage tiefer an als in der Vordergründigkeit einer nur an materiellem Fortschritt und Wohlstand orientierten Gesellschaft.

Politik ohne Theologie ist sinnlos

K.: Ich denke an den Wandlungsprozeß des bedeutenden Soziologen und Begründers der „Frankfurter Schule", Professor Max Horkheimer, der mir sinngemäß kürzlich in einem mitternächtlichen Gespräch sagte: „Politik ohne Theologie bleibt letztlich sinnlos. Ein politisches Konzept bedarf einer theologischen Grundlage. Ohne theologische Begründung („Du sollst nicht töten") ist es nicht einsichtig, warum ich nicht einen Menschen töten sollte, wenn ich mir dadurch Vorteile verschaffen kann."

Horkheimer war übrigens sehr aufgeschlossen für die Jesus-Bewegung. Gehen Ihre Gedanken in diese Richtung?

Thimme: Tatsächlich dachte auch ich ein wenig an Horkheimer, der zwar die Ansatzpunkte des dialektischen Materialismus nicht aufgegeben hat, aber doch ein so umfassender Welt- und Menschenkenner ist, um einzusehen, daß menschliches Wesen mehr bedeutet als Vernunft und technische Leistungsfähigkeit. Es gehört zur Einsicht eines wahren Philosophen, seine Augen vor der Ganzheit der Wirklichkeit nicht zu verschließen. Er wird sich immer davor hüten, ideologische Einseitigkeiten als totale Wirklichkeit anzunehmen. In dieser Beziehung ist er dann auch bereit, sich selbst — bei zunehmender Einsicht — zu korrigieren. Deshalb beeindrucken mich Horkheimer, aber auch andere philosophische und soziologische Wissenschaftler, die nicht stehengeblieben sind bei einer früher gewonnenen Erkenntnis, sondern infolge umfassenderer Einsicht in späteren Jahren ihren Standpunkt geändert haben.

Der Mensch lebt nicht vom Brot allein

Der Mensch lebt nicht vom Brot allein; die Existenz des Menschen geht nicht in der Befriedigung des leiblichen Hungers auf. Der Geist des Menschen verlangt sein Recht. Und ein Mensch ist ohne Geist und Seele nicht vorstellbar. Von daher ist Religion unaufgebbar für jede menschliche Existenz.

Manchmal fragt man sich, ob Mohammedaner, Hindus und Buddhisten nicht mehr von religiöser Offenheit behalten haben als wir; sie erteilen uns in dieser Beziehung eine heilsame Lektion. Es wäre freilich hinzuzufügen, daß die Botschaft Jesu Christi die Erfüllung aller religiösen Sehnsucht des Menschen ist.

Frömmigkeit ist eine Urform menschlicher Existenz und „Vater unser" zu sagen, ist die Voraussetzung für alle Brüderlichkeit unter den Menschen.

Die gottlose Welt ist Gott nicht los

K.: Sie haben die nichtchristlichen Weltreligionen angesprochen, um auf die religiösen Bedürfnisse aller Menschen aufmerksam zu machen. Auch die Jesus people haben teilweise zunächst mit den asiatischen Religionen wie Buddhismus und Hinduismus geflirtet, bevor sie die Botschaft von Jesus Christus entdeckten und Jesus als ihren Erlöser erkannten.

Warum glauben Sie, daß nur Jesus die menschlichen Sehnsüchte letztlich zu stillen vermag?

Thimme: In früherer Zeit hat man gelegentlich von der Absolutheit des Christentums gesprochen: Das Christentum vertrete den Monotheismus, predige reine Menschenliebe, käme den Persönlichkeitswerten des Menschen am meisten entgegen.

Diese im aufklärerischen Zeitalter formulierten Thesen scheinen mir heute so einfach nicht mehr vertretbar.

Ich würde anders argumentieren: Weil wir Christen an den lebendigen Gott glauben, der als Schöpfer Himmels und der Erden über dieser Welt steht — weil wir daran glauben, daß dieser Gott in Jesus Christus nicht der weltabgewandte, sondern der weltzugewandte Gott ist — weil wir daran glauben, daß die Welt es mit Gott zu tun hat und daß auch die gottlose Welt Gott nicht los ist, darum bekennen wir in Jesus Christus den Offenbarer Gottes, des Vaters, in dem sich uns Gottes Wirklichkeit in seiner Fülle erschließt.

Religiöse Sehnsucht stillt Jesus

In einem Adventslied von Heinrich Held (1620—1659) heißt es treffend: „Was der alten Väter Schar höchster Wunsch und Sehnen war, und was sie geprophezeit, ist erfüllt in Herrlichkeit." Dieses Sehnen gilt nicht nur für die Väter des Alten Testamentes, sondern auch für die Vertreter anderer Religionen. Ich denke dabei an die „Areopag-Rede" des Apostels Paulus in Athen, der an diese religiöse Sehnsucht des Hellenismus anknüpft, wenn er sagt: „Ihr Männer von Athen, ich sehe an allem, daß ihr recht viel Scheu vor den Göttern habt. Denn als ich umherging und eure Heiligtümer besichtigte, fand ich auch einen Altar, an dem die Aufschrift stand: Dem unbekannten Gott. Was ihr nun, ohne es zu kennen, verehrt, das verkündige ich euch" (Apostelgeschichte Kap. 17). Paulus lehnte also nicht kurzerhand den „unbekannten Gott" der Athener ab; er nahm vielmehr diese Gottesvorstellung auf und entfaltete an ihr, daß Jesus Christus die Offenbarung des väterlichen Herzens und insofern die Erfüllung aller Religion verkündigt.

Kein Christentum ohne Gemeinschaft

K.: Nachdem Sie mehr oder weniger den theologischen Hintergrund der Jesus-Bewegung aufgezeigt haben, möchte ich gern auf die praktische Verwirklichung des persönlichen Glaubens an Jesus Christus im Leben der Jesus people eingehen. Ich möchte das Bekenntnis eines deutschen Vertreters der Jesus people weitergeben: „Jetzt fange ich erst an zu begreifen, daß meine Geschwister mich brauchen; früher ließ ich sie hängen. Heute begreife ich, daß meine Mutter mich braucht. Ich begreife, daß wir zusammengehören . . ."
Solche „Zeugnisse" könnte ich hundertfach ergänzen. Wie kommt es, daß dieses neu geschenkte Verhältnis zu Jesus Christus solche mitmenschlichen Früchte trägt?
Thimme: Was mich an den Jesus people beeindruckt, ist die Neuentdeckung der persönlichen Entscheidung, sprich

Bekehrung, als Grundlage für die Erneuerung der ganzen menschlichen Existenz. Sie haben sich dem Anspruch Jesu gestellt und seinen Zuspruch erfahren.

Wir erliegen oftmals der Versuchung, „andern zu predigen und selbst verwerflich zu werden".

Das Christsein will im persönlichen Leben bejaht, aber dann auch im Vollzug des Alltagslebens vollzogen werden. „Ich kenne kein Christentum ohne Gemeinschaft", sagt Graf Zinzendorf. Und wenn wir heute von der missionarischen Existenz des Christen sprechen — wir denken dabei nicht nur an Asien und Afrika, sondern auch an unsere eigene Umwelt —, dann ist damit eben nicht der Rückzug in ein privates Ghetto gemeint, sondern selbstloser Einsatz in missionarischem Zeugnis und gesellschaftlichem Engagement. Am Anfang steht die Bewährungsprobe im persönlichen Umkreis der Familie oder Nachbarschaft. Das kann dann aber durchaus auch politische Folgerungen nach sich ziehen. Andererseits ist es bedenklich, sich in „weltweite" politische Aktionen zu flüchten, wenn man mit sich selbst und seinen Angehörigen nicht zurechtkommt.

Politisches Engagement der Jesus people

K.: Echte Jesus people sind erfüllt von ihrem missionarischen Auftrag. Es fällt mir im Augenblick noch schwer, ihnen Mut zu machen zu politischem Engagement. Man sollte ihnen noch eine Atempause gönnen. Ein wüstes Leben liegt teilweise hinter ihnen: sie ekelten sich vor sich selbst, verwünschten den Nächsten und haderten mit Gott.

Oder sollten die neuen Jesus-Jünger jetzt schon gesellschaftspolitische Aufgaben übernehmen?

Thimme: Diese Jesus-Bewegung ist zu original und zu jung, deswegen aber auch zu empfindlich, als daß man ihr von außen irgendwelche Vorschriften machen sollte. Ich würde sie behutsam begleiten, in Freundschaft beraten und beobachten, was sich aus eigener Einsicht und Lebensführung heraus ergibt. Die Jesus people kümmern sich bereits um Drogensüchtige und gestrandete Jugendliche, die sie in ihren Kaffeehäusern betreuen. Darin sehe ich den Anfang eines politischen Engagements.

„Die Kirchen tun nichts"

K.: Während Sie als Repräsentant der Evangelischen Kirche von Westfalen die Jesus-Bewegung freundlich beurteilen, werden von einzelnen Vertretern der Jesus people massive Vorwürfe gegen die Kirche erhoben. Die in Deutschland bekannte Mitbegründerin der „Children of God" (Kinder Gottes)-Gruppe in Essen, die 20jährige Amerikanerin Faith Dietrich, sagte u. a. auf dem ersten deutschen Jesus-Festival in Herne (Westfalen): „Ich fragte Gott, was ich tun könnte, um diese Welt zu verändern. Ich habe gesehen, daß die Kirchen nichts tun. Jesus spricht: ‚Ich war hungrig, aber ihr habt mir nichts zu essen gegeben. Ich kam als ein Fremder, aber ihr habt mich nicht aufgenommen. Ich war nackt, und ihr habt mir nichts anzuziehen gegeben. Ich war durstig, aber ihr habt mir nichts zu trinken gegeben. Ich war krank und im Gefängnis, und ihr habt euch nicht um mich gekümmert . . . Immer, wenn ihr einem von meinen armen Brüdern hier nicht geholfen habt, dann habt ihr auch mir nicht geholfen' (Matthäus Kap. 25). Diesen Vorwurf machen wir den Kirchen. Wir wollen prüfen, ob die Liebe Jesu Christi Wahrheit und Realität ist." Soweit Faith Dietrich. — Halten Sie diesen Vorwurf für berechtigt?

Bethel — ein Zeichen der Liebe

Thimme: Wo harte Worte gesprochen werden, muß zunächst der Grund solcher Vorwürfe untersucht werden, bevor man sie — weil übertrieben — allzu schnell abweist. Wenn ich mir unsere Welt trotz zweitausendjähriger Geschichte christlicher Tradition ansehe, muß ich zugeben, daß der Sauerteig der Christen sich beschämend und bedrückend wenig ausgewirkt hat. Christen sollten nicht fragen, was sie geleistet, sondern was sie versäumt haben.

Andererseits würde ich Faith Dietrich einladen, nach Bethel bei Bielefeld zu kommen. In der vorigen Woche habe ich zusammen mit dem indischen Bischof Mar Theophilus Philipos einen ganzen Tag lang die Anstalten in Bethel besichtigt. Er war tief beeindruckt von der Tatsache, daß es in unserer Zeit und im westlichen Abendland Diakone und Diakonissen gibt, die ihr ganzes Leben Schwachsinnigen und Epileptikern unter schwierigsten Umständen, oft ohne sichtbare Erfolge und äußere Fortschritte, zur Verfügung stellen. Solche Zeichen verwirklichter Christus-Nachfolge können andere Christen anspornen.

Diakonie ist nicht nur eine Lebensfunktion christlicher Anstalten, sondern aller Gemeinden und aller einzelnen Christen. Wer sich als Christ das katastrophale Mißverhältnis von Überfluß in der westlichen Welt und Hunger in der Dritten Welt vergegenwärtigt, muß sich — und das ist gerade bei vielen christlichen Jugendlichen der Fall — herausgefordert sehen, seinen Glauben noch überzeugender zu verwirklichen, als es im Gewohnheitschristentum unserer Tage geschieht.

Christliche Kommunen

K.: Sie haben bereits angedeutet, daß der einzelne Christ sich nicht auf den Lorbeeren der Diakonie in kirchlichen Anstalten ausruhen darf. Im Bilde gesprochen, sollten an der „sozialen Front" neben kampfstarken Kompanien auch kleine Stoßtrupps aufmarschieren. Solche „christliche Kommunen" haben die Jesus people in Amerika tausendfach ins Leben gerufen. Faith Dietrich hat in Essen die erste Kommune dieser Art gegründet. Sie meint, man könne einem Rauschgiftsüchtigen nur dann wirksam helfen, indem man ihn aus seiner alten Umgebung herausnimmt, ihn in eine christliche Umgebung einfügt und mit ihm eine totale Lebensgemeinschaft eingeht. Ich darf Faith Dietrich zitieren: „Wir möchten gern leben wie die ersten Christen, von denen es in der Apostelgeschichte heißt: Alle aber, die sich zu Christus zählten, fühlten sich einander zugehörig und legten all ihren Besitz zusammen. Sie verkauften ihr Hab und Gut und teilten den Erlös an alle aus, die eine Hilfe nötig hatten."

Würden Sie solche christlichen Kommunen bejahen?

Thimme: Dieses Thema bewegt mich sehr.

Die evangelische Kirche gliedert sich einerseits regional in Ortsgemeinden, Kreiskirchengemeinden, Landeskirchen usw., andererseits funktional in Arbeitsbereiche (Diakonie, Jugend, Evangelisation usw.). Beides muß sein. Aber es ist nicht genug.

Einzelne Zellen bilden den Leib

Einzelne Zellen als kleine Lebenseinheiten sind entscheidend für die Lebendigkeit des ganzen Leibes. Die lebendige Zelle hat in der christlichen Geschichte von Anfang an eine wesentliche Rolle gespielt. Die katholischen Orden waren in ihrer Wirksamkeit nicht zu unterschätzende Zellen verpflichteter Gemeinschaft entschiedener Christen. Auch die vorhin erwähnten Diakonissen- und Diakonen-Anstalten gehören in diesen Kreis. In unsern Tagen wachsen uns neue Zellen an verschiedenen Orten zu; Kommunitäten, Bruder- und Schwesternschaften in Deutschland, Frankreich und der Schweiz usw.

Ich bin davon überzeugt, daß der von den Jesus people vertretene Grundansatz richtig ist. Deshalb begrüße ich christliche Kommunitäten, obschon sie ihre Bewährungsprobe wohl noch bestehen müssen.

„Alle müssen so leben wie wir"

K.: Manchmal befürchte ich, daß solche Zellen einer falschen Gesetzlichkeit erliegen könnten. Aus der amerikanischen Bewegung der Jesus people ist die o. g. „Children of God"-Gruppe hervorgegangen, deren Mitglieder sich verpflichtet haben, nur in solchen Kommunen zusammenzuleben. Ende 1971 haben sie sich — auch Faith Dietrich — von der offiziellen Jesus-people-Bewegung distanziert.

Welchen seelsorgerlichen Rat würden Sie Fräulein Dietrich und ihren Kommunarden geben, die für alle Christen folgende Regeln zur Verpflichtung machen: „Alle Christen müssen ihr Hab und Gut verkaufen. Sie müssen so leben wie wir. Sie dürfen auch keinen Beruf mehr ausüben; denn wir sind die letzte Generation vor der Wiederkunft Jesu. Darum müssen alle Christen sich auf die missionarische Aufgabe konzentrieren ...“

Thimme: Da ich Fräulein Dietrich persönlich nicht kenne, steht es mir nicht an, ihr gute Ratschläge geben zu wollen. Grundsätzlich würde ich christlichen Kommunen ihre je eigenen „Regeln“ zugestehen.

Seit jeher haben sich verbindliche Gemeinschaften Gelübde wie „Armut, Keuschheit, Gehorsam“ oder andere Regeln gesetzt, die als Abgrenzung andern Gruppen gegenüber dienen sollten. Diese Regeln dürfen aber weder zu pharisäischer Überheblichkeit noch zu falscher Isolierung führen. Es gibt einen legitimen Abstand, der nicht die illegitime Trennung im Gefolge haben darf. Gerade vom Abstand her sollte die Dienstbereitschaft und Liebesfähigkeit einer christlichen Gruppe gegenüber der Kirche und Gesellschaft besonders stark hervortreten. Verpflichtende Gesetze, welche die „Children of God“ für sich selbst freiwillig annehmen, dürfen nicht zur Regel werden, an der sie alle übrigen messen und entsprechend abwerten. Vor dieser Versuchung des Pharisäismus zu warnen, heißt freilich nicht, den „Children of God“ ihren selbstgewählten Weg zu verbauen.

Jesus und die Umweltverschmutzung

K.: Ein amerikanischer Pastor, der einem Jesus-people-Gottesdienst beiwohnte, war einerseits beeindruckt von der Liebe der Jesus-Kinder zu Jesus, andererseits alarmierte ihn ihre Einseitigkeit. „Ich fragte eines der Mädchen“, sagte er, „nach andern Dingen, die zum Evangelium gehören. Ich fragte sie, wie sie über die Umweltverschmutzung, über die rassistische Ungerechtigkeit und über die

Armut in der Welt denkt. Und sie antwortete völlig unreflektiert: ‚O ja, das alles ist schlecht. Aber die wichtigste Sache ist, Jesus zu lieben, seitdem ich Jesus angenommen habe, ist alles wunderbar.' "

Wie beurteilen Sie dieses Bekenntnis?

Thimme: Jesus hat sich von seiner Umwelt herausfordern lassen und sich den Aufgaben der Zeit gestellt: er hat Kranke und Besessene geheilt, er hat mit Sündern und Zöllnern verkehrt. Er hat auch seine Jünger dazu angehalten. Auf der andern Seite ist es wichtig, neu verstehen und singen zu lernen: „Eins ist not, ach Herr, dies eine lehre mich erkennen doch . . ."

Während gelegentlich vielleicht die soziale Dienstpflicht des Christen einseitig betont wird und darüber das persönliche Verhältnis zu Jesus in den Hintergrund tritt, rückt hier der Ruf zur Bekehrung in den Vordergrund. Beide Aspekte — das soziale Engagement und die Liebe zu Jesus — sind notwendig miteinander verknüpft. Wer von Jesus wirklich ergriffen ist, wird zunehmend begreifen, welchen Platz er nach Gottes Willen in dieser Welt einnehmen soll.

Heilsame Lektion der Jesus people

K.: Trotz mancher negativer Randerscheinungen innerhalb der Jesus-Bewegung sollte man die erfreulichen Phänomene herausstellen. Professor Helmut Thielicke äußerte sich in der „Welt" sehr positiv: „Hier sind immerhin Menschen, die etwas von der umwerfenden Macht Jesu und dem vollziehenden Wort des Christus erfahren haben. So hätten nicht nur wir sie zu belehren, indem wir ihnen von der unkontrollierten Emotion zu kritischer Rationalität verhelfen. Nein: Auch sie haben uns einige Mysterien zu verraten. Ich bin gespannt, ob wir diese Stunde der Begegnung erkennen."

Welche Geheimnisse des Glaubens könnten uns die Jesus people verraten?

Thimme: Die Jesus people lehren uns, daß Nachfolge Jesu ganzheitliche Hingabe der eigenen Existenz bedeutet.

Wir bequemen Bürgerchristen singen zwar: „Nun danket alle Gott mit Herzen, Mund und Händen", aber die Jesus people scheinen diesen „ganzheitlichen" Lobpreis von „Herzen, Mund und Händen" besser begriffen zu haben und glaubwürdiger zu leben.

Dazu ist Gott für die erweckten jungen Christen kein Lückenbüßer oder zusätzliches Souvenir. Gott ist für sie Realität schlechthin, er ist die Mitte ihres Lebens.

Wie eine Brücke über reißendes Wasser

K.: Ich habe die Jesus-Poster der amerikanischen Jesus people im Religionsunterricht an den berufsbildenden Schulen vorgestellt. Es handelt sich um vier Variationen über das Thema „Gott", die folgende Titel tragen: „Jesus ist der Befreier", „Lächle, Gott liebt dich", „Jesus ist wie eine Brücke über reißendes Wasser" und „Gott lebt".

Ich fragte meine Schüler, welches Gottes- oder Jesusbild hier vorgestellt würde. Fast alle antworteten — ich habe in mehreren Klassen gefragt —: „Ein Jesus, der mitten im Leben steht und das Leben bejaht." Auf meine Frage, ob dieser Jesus von den Kanzeln gepredigt wird, antworteten sie mit derselben Sicherheit: „In der Kirche wird uns der leidende und sterbende Jesus vorgestellt." Haben die Schüler nicht weitgehend recht?

Thimme: Die christliche Botschaft spricht von Golgatha, aber auch vom leeren Grab Jesu. In unserm Kirchengesangbuch stehen die Passionslieder vor den Osterliedern. Es fällt auf, daß es mehr Passions- als Osterlieder im Gesangbuch gibt. Wie kommt das? Will es nicht mit Recht daran erinnern, daß Schuld und Sünde in der gefallenen Welt zu Hause sind und daß ohne Christi Kreuzestod kein Weg zum Heil und Leben führt? Die Wirklichkeit der schuld- und todverfallenen Welt schafft Leiden, die auch einem Christen nicht erspart bleiben. Der Christ lebt aber von der Gewißheit, daß der Tod verschlungen ist in den Sieg, daß die Passionsgeschichte ausläuft in die österliche Wirklichkeit.

Es bewegt mich immer, wenn an christlichen Gräbern nicht etwa nur Leidens- und Sterbenslieder, sondern österliche Freuden- und Siegeslieder gesungen werden. Die Basis unserer christlichen Existenz ist nicht ein isolierter Karfreitag, allerdings auch nicht ein isoliertes Ostern, sondern der Übergang von Karfreitag zu Ostern, Jesus darf uns als Sieger vor Augen stehen.

Taufzeremonie an der Berliner Havel

K.: Diese Siegesgewißheit spiegelt sich auf den erlösten Gesichtern jener Jesus people wider, die sich im August 1971 in der Berliner Havel vor vielen Menschen taufen ließen. Bilder und Bekenntnisse von dieser für Deutschland ungewohnten Taufzeremonie sind in der zweiten Nummer der Berliner Jesus-people-Zeitung „One Way" abgedruckt. Ich zitiere ein Mädchen, das unmittelbar nach ihrer Taufe folgendes gesagt hat: „Jesus lebt auch für mich. Nachdem ich das erfahren hatte, wollte ich es auch vor allen Leuten bekennen. Deshalb ließ ich mich taufen und danke Jesus für das wundervolle Erlebnis. Halleluja."

Die Jesus people in Amerika und Deutschland sehen in dieser Taufe weniger ein Sakrament als ein äußeres Zeichen der inneren Wandlung. Obwohl viele von ihnen bereits als Kinder getauft wurden, lassen sie sich noch einmal taufen. Einer von ihnen erklärte stellvertretend für fast alle: „Diesmal ist es meine eigene, ganz persönliche Entscheidung." Die Taufe auch als Bekenntnisakt zu verstehen, ist meines Erachtens biblisch. Warum wird in unserer kirchlichen Taufpraxis dieses Moment fast übersehen?

Kirchliche Taufpraxis will neu bedacht sein

Thimme: Vielleicht ist dieser Aspekt unter uns in Vergessenheit geraten. Aber es gehört zum Grundverständnis der Taufe, daß sie Absage an den alten Menschen und Zusage zu dem Christus, welcher der Herr des neuen Menschen ist, bedeutet.

In der lutherischen Tradition ist das Taufgeschehen verbunden mit dem Bekenntnis des Taufbundes, der einerseits eine Absage und andererseits eine Zusage enthält. Der verstorbene Pfarrer Enno Hartmann im Ravensberger Land hat eine Erneuerung des Taufverständnisses und der Konfirmation durch die Praktizierung des Taufbundes in vielen Gemeinden herbeigeführt: Er lehrte seine Konfirmanden täglich den Taufbund beten: „Ich entsage dem Teufel und all seinen Werken und allem seinem Wesen und ergebe mich dir, du dreieiniger Gott, Vater, Sohn und Heiliger Geist, im Glauben und Gehorsam dir treu zu sein bis an mein letztes Ende."

Hier wird Kindertaufe als der Anfang einer sich stets erneuernden, bindenden Verpflichtung und eines unmißverständlichen Bekenntnisses verstanden.

Hätte man dieses Grundverständnis der Taufe ernstlich praktiziert, wären uns vielleicht manche Verirrungen erspart geblieben.

Ist Wiedertaufe Blasphemie?

K.: Ist es in Ihren Augen eine Blasphemie (Gotteslästerung), wenn etwa die Jesus people sich noch einmal auf den Namen des Vaters, des Sohnes und des Heiligen Geistes taufen lassen? Die meisten von ihnen sind bereits als Kinder getauft worden.

Thimme: Blasphemie ist nicht der richtige Ausdruck. Aber die christliche Taufe ist ein nicht zu wiederholender Vorgang. Sie ist einmalig und endgültig. Das erweist das ganze Neue Testament. Ich könnte mir denken, daß man irgendwelche anderen symbolischen Zeichenhandlungen vornimmt. Aber die Wiedertaufe zu vollziehen widerspricht dem Stiftungscharakter der Taufe, die von Jesu Anfängen an auf Einmaligkeit und Endgültigkeit hin angelegt ist.

„Jesus handelt durch Wasser und durch Geist"

K.: Ihre Aussagen könnten so verstanden werden, als ob der bloße Taufakt als Freifahrtschein für den Himmel gelte. Heilsnotwendiger ist nach meinem biblischen Verständnis der Glaube: „Jesus sagte seinen Jüngern: ‚Wer gläubig geworden und getauft worden ist, wird gerettet werden; wer aber nicht gläubig geworden ist, wird verurteilt werden' (Markus 16,16)."

Thimme: Die Frage, ob Bekehrung oder Wassertaufe den Vorrang habe, ist nach meinem Verständnis eine falsch gestellte Alternative. Ich glaube, daß Jesus durch Wasser und Geist an uns handelt, wie es in seinem Taufbefehl zum Ausdruck kommt.

Kritische Offenheit gegenüber den Geistesgaben

K.: Viel umstrittener als die spektakulären Taufzeremonien der Jesus people sind die von ihnen gebrauchten Geistesgaben, vor allem das Zungenreden. An diesem Phänomen nehmen Christen und Nichtchristen größten Anstoß.
Wie beurteilen Sie diese Erscheinung?

Thimme: Ich muß als Vertreter einer Traditionskirche zugeben, daß die Geistesgaben nicht immer die Aufmerksamkeit in Lehre und Leben der Kirche erfahren haben, die ihnen gebührt. Insofern begrüße ich z. B. in der Ökumene das Beisammensein mit pfingstlichen Gruppen und entsprechend bewegten Gruppen etwa aus dem afrikanischen Raum. Bei aller Offenheit seitens der Kirche für charismatische Gaben sollte man aber den ersten Korintherbrief des Apostels Paulus nicht aus dem Auge verlieren. Paulus redet nicht nur von der Gabe des Zungenredens, sondern gleichzeitig und insbesondere von der Gabe der Prophezeiung. „Ich will in der Gemeinde lieber fünf Worte mit verständlichem Sinn reden, auf daß ich auch andere unterweise, als zehntausend Worte in Zungen" (1. Kor. 14,19). Emotionale Leidenschaft mag durchaus eine Möglichkeit spontaner menschlicher Reaktion sein. Sobald sie aber ausartet in unkontrollierbare Ekstase, dient sie der Gemeinde nicht mehr zur Erbauung. Deshalb empfiehlt Paulus einerseits, den Geist nicht zu dämpfen und andererseits, jeden Geist zu prüfen, ob er von Gott sei. Insofern würde ich gegenüber der Spontaneität des ausbrechenden Geistes eine gewisse Zurückhaltung üben und nicht jede ekstatische Äußerung für eine Geistesgabe halten.

Kirche und Jesus people bedürfen einander

K.: Gerade das zuletzt angesprochene Phänomen zeigt, daß die Jesus people ohne geistliche Väter sich verlieren könnten. Ich denke an den amerikanischen Baptistenpfarrer John Bisagno aus Texas, der aufgrund seiner zweijährigen Erfahrungen mit Jesus people zu folgender Erkenntnis gekommen ist: „Diese Erweckung ist sehr solide, sehr biblisch. Aber trotzdem bin ich im Hinblick auf die Zukunft sehr unruhig. Wenn das alles nicht in den Kirchen verankert wird, kann der Grund für alle Arten der Häresie (Ketzerei) gelegt werden. Es muß eine Führung entstehen, die auf die Gemeinde konzentriert ist."
Teilen Sie auch diese Erkenntnis?

Thimme: Meine bisherigen Ausführungen bestätigen diese Einsicht. Es geht um die Integration (Eingliederung) der Jesus people in die bestehenden Gemeinden, wobei es auf beiden Seiten Ärger geben kann. Während die traditionelle Gemeinde Anstoß nimmt an den ungewohnten spontanen Glaubensäußerungen der Jesus people, regen die erweckten jungen Leute sich über das formalistische Kirchentum auf.

Beide Gruppen müssen aufeinander zugehen und sich in ihrer Andersartigkeit anerkennen; sie sollten einander gemäß der Jahreslosung 1971 annehmen, wie Christus, ihr gemeinsamer Herr, sie auch angenommen hat.

Diese spannungsreiche Wechselbeziehung kann für beide Seiten ein hilfreiches Korrektiv sein, weil so Einseitigkeiten vermieden und die Fülle der biblischen Botschaft entfaltet werden kann.

X. Jesus Revolution findet bei der Jugend Beifall

Schriftliche anonyme Umfrage bei 300 Jugendlichen

Ungewöhnlich hoch im christlichen Kurs steht die Jesus-Bewegung bei dreihundert Jugendlichen zwischen Köln und Frankfurt; denn mehr als 90 Prozent der 15- bis 22jährigen Testpersonen sympathisieren mit den enthusiastischen Jesus-Kindern, die eine geistliche Heimat am Vaterherzen Gottes und ihren Platz in unserer Gesellschaft wieder eingenommen haben.

Im Religionsunterricht mußten die kaufmännischen Berufs-, Handels- und Fachoberschüler innerhalb einer halben Stunde einen Fragenkomplex zur Jesus-Bewegung schriftlich anonym beantworten. Die äußerst knappe Zeit erlaubte es nicht, daß alle Schüler sich allen Fragen stellen konnten.

Im Unterschied zu Gymnasiasten und Studenten an den Universitäten kennen die berufsbildenden Schüler (innen) bereits den beruflichen Existenzkampf. Nicht zuletzt deshalb spricht aus vielen Antworten eine existentielle Betroffenheit. Wegen des erdrückenden Materials sind nur solche Schüleräußerungen berücksichtigt worden, die sich in der Regel oft wiederholen und darum stellvertretend für ähnlich lautende Antworten stehen.

Ideologische Phrasen und intellektuelle Spiegelfechtereien, die erstaunlicherweise weit unter fünf Prozent liegen, mußten ebenfalls wegbleiben; sie hätten für die Auseinandersetzung ohnehin nichts eingebracht.

Paradies des Materialismus macht unzufrieden

Frage: Pastor Arthur Blessit, ein Führer der Jesus people, in Bars und Spelunken aufgewachsen, antwortet auf die Frage, ob diese Jesus-Bewegung nicht auch eine Hysterie sei: „Die meisten jungen Leute von Amerika haben doch alles: Geld, Kleidung, Autos, Mädchen. Alles, wovon man träumt. Wir leben in einem Paradies des Materialismus, aber im Innern ist das Leben leer. Diese Generation sucht nach neuen Inhalten und Maßstäben."

Stimmen Sie Arthur Blessit zu?

Antworten:

In allen Industrienationen fast immer das gleiche Bild: Jugendliche können mit ihrer Freizeit nichts mehr anfangen, treiben sich in Kneipen herum, lernen Drogenkonsumenten kennen oder begehen aus lauter Langeweile Straftaten, nicht um sich zu bereichern, sondern um die Zeit totzuschlagen. Eines Tages macht das keinen Spaß mehr. Und dann kommt die innere Leere. *(Junger Mann 15)*

Wir leben heute wirklich in Saus und Braus. Wir haben fast alles, was wir uns wünschen. Aber irgend etwas fehlt uns. Wir brauchen einen inneren Halt. *(Junges Mädchen 15)*

Jeder Mensch braucht ein Ziel, für das es sich zu leben lohnt, andernfalls bleibt sein Leben leer. *(Junges Mädchen 17)*

Der Jugend wird heute alles Mögliche geboten, nur was sie wirklich braucht, findet sie nicht. Keinen Menschen, der für sie Zeit hat und an den sie glauben kann. *(Junges Mädchen 17)*

Wo soll diese Jugend denn ihre Maßstäbe finden. Ihre Eltern bedeuten ihnen nichts mehr. Alles, was ihnen fehlt, Liebe und Verständnis, finden sie bei Jesus. Er ist die ideale Vaterfigur. Man muß abwarten, ob sie bei ihm bleiben. *(Junges Mädchen 17)*

Es stimmt, wir leben in einem Paradies des Materialismus, und in unseren Herzen sind wir leergebrannt. Genauso ist es bei mir. *(Junges Mädchen 15)*

Weil sie einsam und haltlos waren, flohen sie in die chemische Glückswelt und verloren immer mehr den Blick für die Wirklichkeit. Bis sie schließlich am Ende waren. *(Junges Mädchen 15)*

Ich glaube, nur einer, der die Not seiner Seele und die

Sucht des Körpers gespürt hat, kann beurteilen, was sinnlos ist. Wer dann aus dieser Sinnlosigkeit errettet wird, wieder seine Triebe beherrschen lernt und befreit wird von seinen Süchten, für den geht die Sonne zunächst nicht unter. *(Junger Mann 22)*

Jesus-Revolution macht das Leben lebenswert

Frage: In seiner Fernsehsendung „New York, New York" stellte Werner Baecker kürzlich die „Jesus people" vor, „die unabhängig von Kirchen und Billy Graham den Mann aus Nazareth als ihren lebensbejahenden Reformer entdeckt haben." Beobachter nennen die „Jesus-Revolution" die erstaunlichste Glaubensbewegung des Jahrhunderts, die im Endeffekt natürlich das Ziel verfolgt, die Gesellschaft zu verändern, indem sie zunächst den einzelnen verändert. Halten Sie Jesus auch für einen lebensbejahenden Reformer?

Antworten:
Man müßte sich erst einmal die Frage stellen, ob diese anfängliche Begeisterung nicht wieder abklingt. Mit der Jesus-Bewegung ist es genauso wie mit dem reinen Kommunismus. Man kann ihn nicht durchführen. *(Junger Mann 17)*

Als die Jesus people zu Christus gekommen waren, merkten sie den Unterschied zu ihrem früheren Leben.

Nachdem Jesus sie von ihrer Verzweiflung und der Rauschgiftsucht geheilt hatte, begegneten sie einer Macht, die über ihnen stand. So begann für sie ein zufriedenes Leben. *(Junger Mann 16)*

Daß Jesus ein lebensbejahender Reformer ist, zeigen die tausendfachen Erfahrungen der Jesus people .... *(Junges Mädchen 16)*

Jesus brauchen wir als Trost. Er gibt uns Mut und läßt uns nie im Stich.

Ich halte Jesus für den größten Lebensreformer aller Zeiten. Niemand kann ein Menschenleben so verändern wie er. Das habe ich persönlich erfahren. *(Junger Mann 19)*

Ich bin davon überzeugt, weil ich es selbst erfahren habe. Jesus löst meine Probleme, wenn ich ihm voll vertraue und auf sein Wort eingehe. *(Junger Mann 15)*

Der Glaube an Jesus stärkt meinen Lebensmut und gibt mir innere Sicherheit. Ohne Jesus ist die Zukunft sinnlos! *(Junger Mann 16)*

Ich kann mir jedenfalls nicht vorstellen, daß Jesus schlagartig mein Leben verändern könnte, wie das bei den Jesus people geschehen ist. Menschen mit einem so starken Glauben sind eigentlich zu beneiden. *(Junger Mann 17)*

Die Jesus people haben sich zur Aufgabe gemacht, alle Menschen zu lieben. Sie bauen Vorurteile gegen andere Rassen und Andersgläubige ab. Das ist ein neuer Lebensinhalt. *(Junges Mädchen 16)*

Die Jesus-Revolution macht das Leben wieder lebenswert. *(Junger Mann 16)*

Che Guevara, Jimi Hendrix oder Jesus?

Frage: Das amerikanische Nachrichtenmagazin „Time" meint, Jesus sei die idealste Vaterfigur der antiautoritären Jugend geworden.

Werden diese Jesus people Jesus ebenso schnell wieder vergessen wie Che Guevara, Mao, Maharishi Mahesh und Jimi Hendrix?

Unterscheidet sich Jesus von diesen „ehemaligen" Leitbildern?

Antworten:

Jesus predigt Nächstenliebe und Sanftmut. Er sagt: Vergebt einander und behauptet euch nicht mit radikalen Mitteln, sondern wer der größte unter euch sein will, der sei euer aller Diener.

Den heutigen Leitbildern darf man nicht hinter die Kulissen schauen, sie bluffen und sind oft durch rücksichtslose Methoden an die Spitze gekommen. *(Junges Mädchen 17)*

Früher rief die Jugend „Heil Hitler", heute rufen die Jesus people: „We turn on with Jesus" oder „Jesus loves you". *(Junges Mädchen 18)*

Bei ihren früheren Vorbildern wurden die Fans nur für kurze Zeit abgelenkt von ihren Problemen. Bei Jesus werden sie nicht abgelenkt, sondern stellen sich den Problemen und bestehen Konfliktsituationen. *(Junges Mädchen 15)*

Jesus ist eben anders. Man kann ihn nicht erklären, aber man spürt die Macht, die von ihm ausgeht. Er gibt das, was man bei Menschen nicht findet. *(Junges Mädchen 15)*

Die Jesus People können sich besser mit Jesus identifizieren als mit den weltlichen Stars. Sie sagen sich: Jesus war in der gleichen Lage wie wir. Er trug lange Haare wie wir. Er wurde aus der Gesellschaft ausgestoßen wie wir. *(Junges Mädchen 16)*

Natürlich unterscheidet sich Jesus von den ehemaligen Leitbildern. Jesus befreit z. B. von Drogen-Sucht. Jimi Hendrix ist an seiner Sucht zugrundegegangen. *(Junges Mädchen 16)*

Weltlicher Einfluß ist nie so stark wie der Einfluß der Religion, der schon seit 2000 Jahren besteht, und deren Gründer nie sterben wird. Allerdings wird es bei sehr vielen nur eine Modeerscheinung bleiben. *(Junger Mann 15)*

Das muß man sich einmal vorstellen. Jesus steht nur in der Bibel und ist seit 2000 Jahren nicht vergessen worden. *(Junger Mann 16)*

Diese Leitbilder sterben eines Tages. Aber Jesus ist auferstanden und lebt. Er wird wiederkommen. *(Junger Mann 18)*

Die Idole geben den Jugendlichen keinen Halt, aber Jesus. Wenn er für sie nicht mehr da wäre, würden sie wieder zusammenbrechen und in ihr altes Leben zurückfallen. *(Junger Mann 15)*

An Jesus glaubt man freiwillig, aber der Glaube an die Leitbilder wird uns aufgezwungen und muß täglich aufgefrischt werden. *(Junges Mädchen 16)*

Wer wirklich an Jesus glaubt, sieht in ihm kein sterbliches Idol. Aber für die Mitläufer ist Jesus ein zweiter Che Guevara ... *(Junges Mädchen 16)*

Sie werden Jesus nicht so schnell vergessen. Jesus ist ewig. Es muß was Wahres dran sein, sonst wäre Christus auch bei den Urchristen schnell vergessen worden. *(Junger Mann 16)*

Mit Jesus leben wir nicht mehr sinnlos in den Tag hinein. Er hilft uns, andere Menschen zu lieben und für sie da zu sein. Er vergibt uns, wenn wir versagt haben. Das habe ich erlebt. *(Junger Mann 17)*

Sind die Jesus people „politische Idioten"?

Frage: Ein Student aus Berkely, von einem Reporter interviewt, machte aus seinem Haß über die Jesus-Bewegung keinen Hehl: „Schreckliche Dinge sind im Namen des Christentums angerichtet worden — Hexenprozesse, Ausbeutung des Kongos, Ausrottung der Inkas — ganze Gesellschaften sind ausgelöscht worden im Namen Gottes. Und jetzt kommt plötzlich eine ganze Generation von Alleingelassenen, die alles aufgegeben haben außer einer Neuentdeckung desselben Quatsches (Evangelium), der alle unsere Schwierigkeiten von Anfang an verschuldet hat.

Wie grauenhaft, wenn man bedenkt, daß alle guten Aktionen, die man in den sechziger Jahren gemacht hat, zehn Jahre später so auf den Hund kommen. Wir haben wichtige Sachen noch zu verwirklichen, und diese Idioten (Jesus people) sind uns nur im Wege. Stimmt das?

Antworten:

Das Evangelium hat keine Schwierigkeiten verschuldet, es hilft über Schwierigkeiten hinweg. *(Junges Mädchen 17)*

Ich gebe als Christ zu, daß die Kirche in der Vergangenheit unheimlich viel Mist gebaut hat. Wer aber immer alte Kamellen aufbrüht und sich von der Institution Kirche blenden läßt und nicht zur Quelle durchstößt, hat einen sehr beschränkten Horizont.

Wenn die Jesus-Bewegung sich nicht gewissenlosen Geschäftemachern ausliefert und sich von falschen Propheten beeinflußen läßt, dann wird sie auch politische Aktionen starten. *(Junger Mann 19)*

Wenn der Student sagt, die Jesus people stünden im Wege bei der Verwirklichung wichtiger Lebensziele, dann ist das Unsinn. Sie haben einen Herzensfrieden gefunden, den sie lange vergeblich gesucht hatten. Sie bezeugen ihren Mitmenschen diesen Frieden, damit sie auch glücklich werden. Ist das keine Arbeit, die den Frieden in der Welt fördert? *(Junges Mädchen 15)*

Wenn nur ein geringer Bruchteil — sagen wir 10 Prozent — dessen in Erfüllung ginge, was die Jesus people sich zum Ziel setzen, wäre damit mehr gewonnen, als mit jeder politischen Aktion, die in der Regel für eine Menschengruppe fast immer negativ sein würde. Die christliche Heilslehre strebt nach Einigkeit. Ihr Grundsatz heißt nicht Macht, sondern Liebe. *(Junger Mann 22)*

Am wichtigsten ist doch die Frage, ob es ein Weiterleben nach dem Tode gibt. Wenn ich diese Gewißheit habe, dann packe ich auch die andern Dinge an ... *(Junges Mädchen 16)*

Gerade die Jesus people werden mithelfen, soziale Probleme zu lösen.

Stehen sie damit dem Fortschritt im Wege? *(Junges Mädchen 16)*

Missionarischer Eifer kommt an

Frage: Die Jesus people entfalten einen unvorstellbaren missionarischen Eifer. Stellvertretend für Tausende bekennt ein junges Mädchen: „ Ich war vollkommen durchgedreht, bevor ich Jesus im Glauben erkannte. Ich dachte immer, Sex und Rauschgifte würden mein Leben ausfüllen. Jesus hat nun mein Leben in Ordnung gebracht und mir neue Kraft geschenkt. Ich kann mir nichts Schöneres vorstellen, als anderen von ihm zu erzählen."

Halten Sie dieses Mädchen für eine Schwärmerin?

Antworten:

Dieses Mädchen, das sicher die Hölle erlebt hat, fällt vielleicht von einem Extrem ins andere.

Aber man kann ihr Verhalten besser verstehen, wenn man sich mit dem Rauschgiftproblem beschäftigt hat. *(Junger Mann 18)*

Für dieses Mädchen ist Jesus eine Droge, aber eine stärkere, die alle andern überflüssig macht. Ob diese Droge für längere Zeit ihre Wirkung behält, wird das Mädchen ja merken. *(Junges Mädchen 15)*

Wer wirklich einmal die Rauschgiftsucht erlebt hat, kann verstehen, was dieses Mädchen erfahren hat. Was muß das für ein Mann sein, der sie davon befreit. *(Junges Mädchen 18)*

Ich habe persönlich Menschen kennengelernt, die von heute auf morgen von ihrer Sucht befreit worden sind und ihr Leben Gott übergeben haben. Jesus hat ihr auch einen neuen Start gegeben. *(Junges Mädchen 17)*

Sie macht aus ihrem Herzen keine Mördergrube. Vorher war sie leergebrannt, jetzt ist sie erfüllt. *(Junger Mann 14)*

Das Mädchen hat ihren Weg gefunden und ist glücklich darüber, sie hat jetzt alles, was sie zum Leben braucht. Schade, daß nicht jeder diesen Weg findet, der sich danach sehnt. *(Junges Mädchen 15)*

Wenn sie wirklich mit Jesus verbunden und durch ihn von ihrer Sucht befreit worden ist, dann kann sie nicht Däumchen drehen und zusehen, wie ihre Freunde an ihrer Sucht zugrundegehen. Sie muß ihnen von Jesus erzählen. *(Junges Mädchen 16)*

Die Jesus people kommen mir überhaupt komisch vor. Ich finde es unglaublich, wie sie auf einmal so ganz anders sind. Ich finde, das Mädchen ist auch eine Schwärmerin. *(Junges Mädchen 16)*

Ich habe selbst erfahren, daß es nichts Schöneres auf der Welt gibt, als an Jesus Christus zu glauben. Darum kann ich das Mädchen verstehen. *(Junges Mädchen 17)*

Schwärmerei ist eher ein kaum kontrollierbarer Gedankenvorgang, der sich kaum auf Tatsachen beruft. Aber in

diesem Fall ist ein Mensch mit Hilfe Gottes von Rauschgiften und anderen Süchten, die ihn kaputt machten, losge-
kommen und hat ein neues Leben gefunden. Das ist für
mich keine Schwärmerei. *(Junges Mädchen 19)*

In meinen Augen ist das Mädchen keine Schwärmerin,
sie erzählt, was sie wirklich erlebt hat. Ihr Wunsch ist es,
daß auch andere Menschen erleben möchten, daß es eine
wirkliche Kraft gibt, die ein ganzes Leben zufrieden und
glücklich machen kann. *(Junger Mann 19)*

In dem angesprochenen Fall wird die alte Sucht durch
eine neue ersetzt (Rauschgift durch Religion) Beweis:
Nicht durch rationale Begründung konnte die Rauschgiftsucht überwunden werden, sondern nur durch eine ge-
fühlsmäßige Erfahrung mit dem „Heiligen Geist", also
durch eine Verlagerung der körperlichen Sucht in den Bereich des Seelischen. *(Junger Mann 21)*

Vielleicht spielt hier im Moment noch eine spontane Begeisterung mit, die vielleicht etwas abflauen wird. Hervor-
ragend finde ich den Mut der jungen Dame, die sich nicht
scheut, ein Bekenntnis abzulegen.

Man kann diese Frage eigentlich nur dann beantworten,
wenn man schon etwas vom Heiligen Geist gespürt hat.
Jeder andere kann das nicht verstehen. *(Junger Mann 17)*

Jugend empfiehlt Zusammenarbeit mit den Kirchen

Frage: Die Gemeinde des kalifornischen Pastors Lyle
Stennis besteht ausschließlich aus ehemaligen Hippies und
Rauschgiftsüchtigen. Aus Protest haben sich die Alten zurückgezogen. Pastor Stennis sagt: „Als die alte Gemeinde
uns verlassen hat, haben wir auch die alte Ordnung wegge-
worfen, die ohnehin erstarrt war."

Sollte die Jesus-Bewegung mit den bestehenden Kirchen
zusammenarbeiten?

Antworten:
Ich hätte als Pastor genauso gehandelt. Erst meckern die
älteren Gemeindeglieder, weil die Jugend nicht zur Kirche

geht. Aber wenn sie es mal wagten, dann werden die Langhaarigen wieder ausgestoßen. Jetzt wird der Spieß mal umgedreht. *(Junger Mann 15)*

Die Jesus people sollten sich davor hüten, alle Kirchen in pharisäischem Hochmut abzulehnen. Sie müßten versuchen, miteinander zu sprechen. *(Junger Mann 15)*

Die Gemeindeglieder werden nicht wahrhaben wollen, daß die Hippies, Gammler und Langmähnigen aus Überzeugung zur Kirche kommen, sondern einen neuen Terror gegen sie planen. Trotzdem sollten die Jesus people alles daran setzen, mit den Alten gut auszukommen. *(Junges Mädchen 15)*

Diesen Weg müssen wohl Jugendliche und Erwachsene getrennt gehen. Denn es fehlt an Toleranz auf beiden Seiten. Hoffentlich entsteht daraus kein Glaubenskampf. *(Junges Mädchen 16)*

Die Kirchen in der heutigen Form könnte man mit einem Sport- oder Gesangverein vergleichen. Man zahlt Beitrittsgelder und geht doch nicht hin. *(Junger Mann 16)*

Eine Zusammenarbeit wäre kaum möglich, weil die älteren Gemeindeglieder starr an ihrer alten Ordnung festhalten würden und die Jesus people nicht gleichberechtigt neben sich gelten ließen. Ich halte die Jesus people für bessere Christen; denn sie gehen freiwillig zur Kirche. *(Junges Mädchen 15)*

In der herkömmlichen Kirche ist zu wenig Platz für Spontaneität und Eigeninitiative. Daher wird die Jesus-Bewegung öfters in Konflikt mit der etablierten Kirche geraten. *(Junger Mann 18)*

Die Jugend hatte doch keinen Kontakt zur alten Kirche. Jetzt gibt es eine neue Kirche, und sie begeistern sich dafür. Selbst wenn sie früher in die alte Kirche gegangen wären, hätte der Pastor oder ein Presbyter ihnen gesagt: „Laß dir erst einmal die Haare schneiden und werd' ein vernünftiger Mensch. So kannst du nicht vor Jesus treten." Aber diese Kirchenleute wollen nicht wahrhaben, daß man nur durch Jesus ein vernünftiger Mensch werden kann. *(Junges Mädchen 15)*

Alle Christen sollen zusammenstehen, die Konservativen und die Progressiven, alt und jung. Meinungsverschiedenheiten werden kommen, sie sind heilsam. Kompromisse müssen von beiden Seiten geschlossen werden. *(Junger Mann 17)*

Die Alten halten an der alten Ordnung fest. Gewiß haben sie auch Vorurteile gegenüber den Jugendlichen. Wer von ihnen will denn mit ehemaligen Hippies und Rauschgiftsüchtigen auf einer Bank sitzen. Wenn sich beide Seiten entgegenkämen, klappte es vielleicht. Aber ehrlich, ich glaube nicht daran. *(Junges Mädchen 16)*

Die Jesus people sollten nur mit den Kirchen zusammenarbeiten, wenn sie sich nicht länger auf ihren Lorbeeren ausruhen. *(Junger Mann 16)*

Die Kirchen sollten mit der Jesus-Bewegung zusammenarbeiten. Die Jesus people brauchen eine Führung. Man sollte die alte Gottesdienstordnung nicht ganz fallen lassen, man müßte sie ganz neu entdecken. *(Junges Mädchen 15)*

Frohe Botschaft und moderner Rhythmus

Frage: Songs der Frohen Botschaft von Jesus Christus stehen bei den Jesus people oft im Mittelpunkt improvisierter Gottesdienste und erklingen im Rhythmus unserer Zeit.

Kann man Popmusik und Evangelium in Einklang bringen?

Antworten:

Wenn man davon ausgeht, daß die Verbreitung des Evangeliums mit Freude geschehen soll, ist es doch folgerichtig, daß sich die jungen Leute mit ihrer Musik daran beteiligen. *(Junger Mann 18)*

Ich finde, es ist egal, welche Musik, Hauptsache ist, sie kommt von Herzen. *(Junger Mann 16)*

Warum sollte es keine Popmusik in der Kirche geben? Gott ist sicherlich nicht damit einverstanden, daß die Gottesdienstbesucher auf ihren Plätzen sitzen und sich nicht rühren. Durch diese Musik wird der Gottesdienst etwas aufgelockerter. *(Junger Mann 17)*

Die Songs der Jesus people sind doch einfach mitreißend. Der Rhythmus, die Melodie, der Text sind einfach und ansprechend, sodaß die meisten Jesus people mitklatschen und mitjubeln. *(Junges Mädchen 18)*

Gott ist auch nicht von gestern. Warum soll das Evangelium nicht modern serviert werden? *(Junger Mann 17)*

Ich habe vorübergehend in einer christlichen Band mitgesungen. Wir haben unsern Glauben an Jesus im modernen Rhythmus weitergegeben. Nach dem Auftritt fragten uns oft Jungen und Mädchen, ob wir wirklich glauben, was wir singen. Vielleicht haben wir vielen einen Anstoß zum Glauben gegeben. *(Junges Mädchen 16)*

Wichtig ist doch, daß junge Leute daran glauben, was sie singen. Wenn sie ihren Glauben mit ihren Mitteln ausdrücken, ist es besser, als wenn sie verstaubte Kirchenlieder singen. *(Junges Mädchen 16)*

Jesus bringt eine frohe Botschaft. Warum ist die Musik immer so schleppend und deprimierend! *(Junger Mann 15)*

Popmusik paßt nur dann in die Kirche, wenn auch die Predigten etwas moderner formuliert würden. Ich könnte mir die Jesus people ohne ihre Musik gar nicht vorstellen. *(Junges Mädchen 17)*

Rhythmische Songs lassen uns mitgehen im Gottesdienst. Kirchenlieder aus dem 16. Jahrhundert singt jeder im Schlaf. Und der Kirchenschlaf ist ja beliebt, aber geistlich ungesund. *(Junger Mann 16)*

Die Botschaft von Jesus ist doch eine frohe Botschaft, und die Lieder sollen doch auch froh stimmen. Aber wenn man manche Kirchenlieder singt, meint man, man wird beerdigt. Aber Jesus lebt doch. *(Junges Mädchen 16)*

Reformation im Gottesdienst

Frage: Viele Kirchen erhoffen sich von dem neuen Elan der Jesus-Bewegung auch gleichzeitig eine Wiederbelebung ihres kirchlichen Lebens.
Was würde sich dann in unseren Kirchen ändern?

Antworten:
Die verstaubten Traditionen würden fortfallen. Schließlich blieben nur noch Gott, Jesus und die Bibel, die Grund-
elemente der Kirche. Viele traurige Kirchenlieder würden
durch fröhliche rhythmische Songs ersetzt. Die Pfarrer
müßten dann überzeugender predigen können und nicht
nur eine bestimmte Zahl von Semestern studiert haben.
(Junges Mädchen 16)
Die Kirchen würden zu Tummelplätzen fragwürdiger
Elemente. Nur wenige eingesessene Kirchgänger würden
sich diesen Klamauk bieten lassen. Es käme doch wieder
zu einer Spaltung. *(Junger Mann 22)*
Die Kirchen würden wieder prima voll. Der Pfarrer würde nicht mehr als Solist fungieren und ununterbrochen reden. Die Leute gingen wieder aus Überzeugung in die Kirche. *(Junger Mann 17)*
Vielleicht würde dann die Kirchentradition aufgehoben:
„Es ist Sonntag, geh in die Kirche und zieh dich ordentlich
an." Gott ist es doch gleichgültig, ob ich im Sonntagsstaat
oder in einer Cordhose zur Kirche gehe. *(Junges Mädchen
16)*
Einzelne Christen werden im Gottesdienst über ihre Erfahrungen mit Jesus sprechen und andern Mut machen
zum Glauben.
Der Kontakt untereinander wird besser sein; denn was da
vorne passiert, wird nicht ohne Wirkung bleiben. Die
Predigt wird mehr einem Wechselgespräch zwischen dem
Verkündiger und der Gemeinde gleichen. *(Junger Mann
17)*
Die Gebetbücher, aus denen der Pfarrer die Gebete ab-
liest, würden abgeschafft, denn man unterhält sich frei mit
Gott. *(Junges Mädchen 16)*
Das Programm würde mehr Überraschungen enthalten
und nicht jeden Sonntag nach Schema ablaufen. Endlich
hätten wir mal die Chance, mitzuwirken und uns nicht
immer bloß fromm berieseln zu lassen. *(Junger Mann 17)*

Eltern verstehen ihre frommen Kinder nicht mehr

Frage: Man hört oft, amerikanische Eltern verstünden ihre Kinder erst recht nicht mehr, wo sie von Gott, Christus und dem heiligen Geist sprechen. Und viele, denen höchstens sonntags vor dem Essen der Gedanke an Gott kommt, wünschten, der zwanzigjährige Sohn möchte wieder ein wenig Marihuana rauchen.

Wie erklären Sie diese merkwürdige Reaktion?

Antworten:

Die Kinder sollten ihre Eltern erst einmal aufklären und zum Glauben führen. Ich wundere mich nicht, wenn solche Kinder sich unverstanden fühlen. *(Junges Mädchen 16)*

Ich halte die Eltern nicht für ganz zurechnungsfähig. Sie sollten froh sein, daß ihre Kinder nicht mehr süchtig sind. Und nun fangen sie wieder an zu meckern. *(Junges Mädchen 16)*

Die meisten Kinder stoßen bei ihren Eltern auf Widerstand; denn sie wollen nicht aus ihrer bequemen, materialistisch eingestellten Welt herausgerissen werden. *(Junger Mann 19)*

Eltern brauchen unkomplizierte Kinder, die am selben Strick ziehen wie sie, also Konsumkinder, die immer zuerst fragen: Was springt für mich dabei heraus. Egoisten, die sich nicht um andere kümmern ... *(Junger Mann 15)*

Die Eltern sind sogenannte Sonntagschristen. Die Kinder versuchen nun, in ihrer eigenen Familie zu missionieren. Früher wurden sie mit Geld abgespeist; jetzt werden die Eltern in ihrem „08/15-Leben" gestört. *(Junger Mann 16)*

Es ist verständlich, daß auch die Eltern die Wahrheit nicht gern hören. Man verschließt sich und reagiert sauer. *(Junges Mädchen 18)*

Diese Eltern haben noch nicht die Erfüllung in Jesus gefunden. Vielleicht gönnen sie es ihrem Sohn nicht, daß er mit Jesus glücklich geworden ist. *(Junges Mädchen 16)*

Wenn die Eltern nur Sonntagschristen sind und kein persönliches Verhältnis zu Jesus haben, werden sie ihre Kinder für Schwärmer halten. *(Junges Mädchen 16)*

Tatsachen entscheiden. Ist es keine Realität, wenn junge Leute freiwillig nach Hause zurückkehren? Ist es unwirklich, wenn sie freiwillig aufhören zu haschen? *(Junges Mädchen 15)*

Die Eltern wissen nicht mehr, wie sie sich ihren Kindern gegenüber verhalten sollen. Marihuana konnten sie ihnen verbieten, Jesus kann man nicht verbieten; immerhin wollen sie ja den christlichen Schein wahren. *(Junges Mädchen 15)*

Die Eltern, denen höchstens sonntags vor dem Essen der Gedanke an Gott kommt, haben wahrscheinlich Angst vor einem offenen Gespräch mit ihren Kindern über Gott, Christus und den Heiligen Geist. *(Junger Mann 15)*

Gott ist bei diesen Eltern zur Routine geworden. Er ist nur einmal in der Woche, nämlich am Sonntag, eingeplant. *(Junges Mädchen 18)*

Wenn ein Mensch sich für Jesus entschieden hat, muß er völlig umdenken. Er wird aus seinen alten Schranken herausgerissen und zu einer neuen Persönlichkeit umgeformt. Da ist es doch kein Wunder, wenn die Eltern ihre Kinder nicht mehr verstehen. *(Junger Mann 16)*

Jesus people und soziales Engagement

Frage: Im Augenblick scheinen die Jesus people eher daran interessiert zu sein, daß der einzelne ein persönliches Verhältnis zu Gott bekommt und in der Verantwortung vor seinen Geboten lebt, als das politische Engagement zu betonen. Diese jungen Christen glauben, der Mensch bekäme durch die Glaubensbindung an Jesus ein neues Verhältnis zu sich selbst, aber auch zum Mitmenschen. Auf diesem Wege könne man die politischen und sozialen Konflikte beseitigen.

Ihre Gegner behaupten, dieser Glaube sei eine Flucht aus der Wirklichkeit. Wem würden Sie recht geben?

Antworten:

Die Jesus people fliehen nicht vor der Wirklichkeit. Wenn alle Menschen so wären, könnte man die politischen und sozialen Konflikte schnell beseitigen; denn ihr Motto heißt: Liebe deinen Nächsten wie dich selbst. *(Junger Mann 16)*

Es ist keine Flucht aus der Wirklichkeit; denn der Glaube an Gott ist eine Wirklichkeit. Wer an Jesus glaubt, hat ein persönliches Verhältnis zu ihm. *(Junges Mädchen 14)*

Wenn es wirklich eine Flucht aus der Wirklichkeit wäre, dann könnten sie ja auch beim Rauschgift bleiben. *(Junger Mann 17)*

Wenn man an Jesus glaubt, sieht man die Menschen und ihre Probleme mit andern Augen. Man kann sich besser in sie hineinversetzen. *(Junges Mädchen 15)*

Wenn ich Konflikte habe und mich Jesus im Gebet anvertraue, hilft er mir immer. Die Konflikte lassen sich dann viel leichter lösen. *(Junges Mädchen 16)*

Der Glaube ist nicht eine Flucht aus der Wirklichkeit, sondern der Weg ins Leben. *(Junges Mädchen 17)*

Wer Jesus nacheifert, bekommt ein neues Verhältnis zum Mitmenschen. Christen werden auf friedlichem Wege versuchen, die soziale Ungerechtigkeit zu beseitigen. *(Junges Mädchen 16)*

Jesus kann die politische Lage nicht retten, sondern nur wir selbst. Die Politik ist unser Schicksal; sie entscheidet über Krieg und Frieden, über Wohlstand und Armut. *(Junger Mann 15)*

Politische Demonstrationen und Rebellionen sind verpufft. Die Jesus people zeigen verwahrlosten und süchtigen Jugendlichen einen Ausweg.
Werden auf diese Weise nicht soziale und politische Konflikte beseitigt? *(Junges Mädchen 16)*

Wenn alle Menschen die biblischen Ziele der Jesus people ernstnähmen und nach den 10 Geboten lebten, brauchte es keinen Krieg zu geben. *(Junger Mann 16)*

Theoretisch haben die Jesus people recht. Wenn alle so dächten und handelten wie sie, wäre das politisch und sozial ganz toll. Aber nur wenige glauben an Jesus. Deshalb sagen die Gegner, es sei eine Flucht aus der Wirklichkeit. *(Junges Mädchen 15)*

Ich glaube zwar nicht, daß es der unbedingte Sinn ist, die Gesellschaft zu reformieren, sondern den einzelnen umzugestalten. Aber wenn viele verändert werden, wird die Gesellschaft zwangsläufig verändert. *(Junger Mann 15)*

Wer sagt, die Jesus-Revolution sei alles andere als eine Revolution, der weiß nicht, daß Jesus der größte Revolutionär ist. Er kann einen Menschen völlig revolutionieren. Diese totale Revolution hat Auswirkungen und verändert auch soziale Verhältnisse. Sind die Jesus people dafür kein Beweis? *(Junger Mann 19)*

XI. Prominente evangelische und katholische Stimmen

1. TATSACHEN ENTSCHEIDEN

Professor D. Dr. Dr. Helmut Thielicke, Hamburg

Ihre Ketten sind rasselnd abgefallen

„Wenn man sich sein Leben lang kritisch mit theologischen Fragen beschäftigt hat, ist es schwer, gegenüber einer so emotionalen, ja ekstatischen Bewegung wie den „Jesus people" unbefangen zu sein. Manche Formen ihres Gebährens könnten einen abstoßen. Wenn ich aber auch meine eigene Kritik kritisch in Frage stelle, dann muß ich vier Feststellungen treffen:

1. Psychiater, Politiker und Polizei haben praktisch vor der Rauschgiftwelle kapituliert. Man spricht vom „verlorenen Haufen" der Süchtigen. Die Bewegung mit Jesus aber hat für viele eine Wende gebracht. Ihre Ketten sind rasselnd von ihnen abgefallen. Ich erlaube mir, darüber zu staunen.

Elementare Freude eines Aufbruchs

2. Viele waren als Hippies, Gammler und Rocker psychisch aufgeputscht und ohne Selbstkontrolle. Diese emotionalen Ausbrüche lassen sich nicht durch nüchterne Aufklärung bekämpfen. Ekstasen können — jedenfalls im ersten Stadium — nur durch Gegen-Ekstasen überwunden werden. Der Glaube an Jesus vermag, wie die Geschichte zeigt, auch in solchen Formen mächtig zu werden.

3. Die „Jesus people" werden schon bald aufgespalten sein in solche, die aufs neue ihrer wildgewordenen Subjektivität verfallen, und andere, die sich durch diesen Jesus ernsthaft ergreifen lassen und das Engagement der Nachfolge eingehen. Schon jetzt sind aktive Gruppen zu be-

obachten, die das Evangelium studieren, aus der bloßen Emotion heraustreten und sich im Namen ihres Jesus dem Dienst am Nächsten hingeben.

4. Die Kirchen sollten sich dieser Bewegung nicht als pharisäische Besserwisser verschließen, sondern eher darauf gefaßt sein, daß Gott einmal von außen her in sie hinein spricht. Er könnte sie aus dieser Richtung darauf aufmerksam machen, was bei ihnen fehlt: die elementare Freude eines Aufbruchs und das Wissen um das Glück der Jesus-Gefolgschaft. Vielleicht sollen diesmal nicht die Hirten für die verlorenen Schafe, sondern die verlorenen Schafe für die noch verloreneren Hirten sorgen."

2. JESUS IST DER EINZIGE WEG

Julius Kardinal Döpfner, Erzbischof von München

Äußere Formen sind merkwürdig

Die äußeren Formen dieser neuen Jesusbegeisterung sind nicht selten merkwürdig, naiv und für viele Erwachsene abstoßend. Sie tragen die typischen Züge von Sektenbewegungen. Es sei dahingestellt, ob es sich hierbei einfach nur um eine Modeerscheinung handelt. Man kann natürlich sagen: Gestern war es Mao, heute ist es Jesus, morgen wird sich ein neues Idol finden lassen. Vielleicht ist eine solche Auffassung sogar nicht ganz verkehrt und realistisch. Es bleibt aber immerhin die Frage, warum sich dieser Ausbruch aus den gewohnten Formen des gesellschaftlichen Lebens gerade an die Gestalt Jesu klammert und warum eine solche Bewegung so rasch an Boden gewinnen kann. Damit wird das Verhalten dieser jungen Menschen bei all ihrer Problematik zur ernsthaften Frage an unsere Gesellschaft.

Letzte Sehnsucht in unserer Gesellschaft verschüttet

Was hat sie jungen Menschen heute an Leitbildern anzubieten, an Vorstellungen, wie ein sinnerfülltes menschliches Leben auszusehen hat? Erfolg im Beruf, soziales
Prestige, Geld und höchster Lebensstandard sind Ziele, die
nur eine gewisse Zeit den Menschen darüber hinwegtäu-
schen können, daß er mit ihnen allein innerlich leer, einsam und unerfüllt bleibt. Jene letzte Sehnsucht aber, die
den Menschen offen sein läßt zu einem Du, auch zu einem
göttlichen Du, die ihn im eigentlichen Sinne erst Mensch
sein läßt, bleibt oftmals verschüttet unter den Konsum-
zwängen und Leistungszwängen unserer Zeit. Hier bleibt
für Begegnung und Liebe kein Raum mehr. Daran ändert auch eine oberflächliche Religiösität nichts, die gerade
noch am Rande mitgenommen wird, aber nicht das Leben
von innen heraus bestimmt. Das Ausbrechen jener jungen
Leute aus einer freud- und trostlosen Konsumgesellschaft,
ob uns ihre Formen gefallen oder nicht, sollte uns zu denken geben. Für den Christen aber stellt sich eine zweite
Frage: Muß es nicht auch nachdenklich stimmen, daß junge Leute, die auf der Suche nach Jesus Christus sind, sich
außerhalb der großen christlichen Gemeinschaften an-
siedeln? Das mag vielerlei Gründe haben.

Gewissensfrage an uns: Leuchtkraft und Salz der Erde?

Für uns aber wird es zur Gewissensfrage, ob unser Christsein so müde geworden ist, daß es selbst für den Suchenden nicht mehr attraktiv ist. Vielleicht haben wir doch zu
oft Kompromisse zwischen dem Christen und dem satten
Wohlstandsbürger geschlossen, so daß die Leuchtkraft der
Botschaft Jesu verdunkelt wurde. Das sollte Anlaß sein,
daß wir uns wieder neu auf unseren Glauben und seine le-
bensgestaltende Kraft besinnen, damit unser Christsein
wieder „Salz der Erde" sein kann. Halbes Christsein, be-
queme Anpassung machen nicht froh und ziehen niemand
an. Mag die neue Jesusbegeisterung jener jungen Leute

vielleicht eine vorübergehende Modeerscheinung sein, eines ist sicher: Die Frage nach Gott und seinem Erbarmen mit den Menschen wird immer wieder gestellt werden. Sie läßt sich nicht verdrängen. Gebe Gott, daß es uns Christen gelingt, glaubwürdig zu bezeugen: „Jesus ist der einzige Weg."

3. JESUS-BEWEGUNG MIT LIEBENDER SORGE BEGLEITEN

Bischof Kurt Scharf, Berlin

Eintagsfliege oder Dauereinrichtung

Frage: Herr Bischof, halten Sie die Jesus-people-Bewegung für eine Dauereinrichtung, oder scheint sie Ihnen eine Eintagsfliege zu sein?

Scharf: Formen an dieser Bewegung werden sich ändern und müssen sich ändern. Der Kern dessen, worum es dieser Gruppe innerhalb der Jugend heute geht, soll bewahrt bleiben. Ich wage keine Prophezeiung, aber ich wünschte mir von Herzen, daß diese Bewegung nicht eine Eintagsfliege wäre, sondern daß ihr Anliegen, Menschen zu einer inneren Freiheit und zu einem sinnerfüllten Leben zu helfen, weiter von ihnen, sogar von ihnen in der Art, wie sie es zur Zeit tun, durchgehalten werden kann.

Bibelverständnis ohne wissenschaftliche Vorarbeit

Frage: Trotz einer gewissen inneren Logik Ihrer Darlegung fällt vielen auf, daß die Jesus people ein überholtes Glaubensverständnis offerieren. Hat nicht ihre Bewegung ein Gottesbild, das sich mehr nach den Buchstaben der Bibel richtet und wenig nach dem dahinterstehenden Sinngehalt fragt?

Scharf: Die Jesus-Leute verhalten sich zur Heiligen Schrift, zum Worte Gottes in der Heiligen Schrift, um es mit einem theologischen Terminus zu sagen, fundamentalistisch. Sie untersuchen nicht historisch-kritisch, was das einzelne Buch der Bibel oder die einzelne Aussage im Neuen Testament in ihrer Zeit bedeutet haben. Aber ich meine, dies ist auch nicht nötig. Die Kirche muß wohl eine wissenschaftliche Arbeit an der Bibel leisten und muß sich rational mit Argumenten des Zeitgeistes auseinandersetzen. Eine Bewegung wie diese Jesus-Leute kann das Wort Gottes auf sich wirken lassen, unmittelbar in der Gestalt, die es im Laufe der Geschichte gewonnen hat.

Der Kanon, so wie er sich herausgebildet hat, ist auch nach meiner Überzeugung ein Ergebnis des Wirkens des Heiligen Geistes in der Kirchengeschichte. Und wie die Reformatoren von einer unmittelbaren Durchsichtigkeit des Wortes Gottes gesprochen haben, frei von aller wissenschaftlichen Beschäftigung mit der Heiligen Schrift, so gibt es ja auch heute in unseren Gemeinden viele schlichte Christen und auch viele gebildete Christen, die das Wort Gottes unmittelbar auf sich wirken lassen können. Es ist durchsichtig, es bedarf nicht einer wissenschaftlichen Vorarbeit.

Wie Eltern gegenüber erwachsenen Kindern

Frage: Und nun die abschließende Frage: Wie soll sich die Kirche grundsätzlich den Jesus people gegenüber verhalten?

Scharf: Wie Eltern gegenüber erwachsenen Kindern! Wir — die Kirche — müssen ihnen Freiheit gewähren und sie doch mit liebender Sorge begleiten. Nicht wenige unter den Kirchenmännern, die Fühlung mit den Jesus-Leuten haben, fürchten, daß die Bewegung von Jesus Christus als dem gegenwärtigen Herrn „Zeichen fordert", Wundertaten, durch die Krankheit und Not mit einem Schlage beseitigt werden. Und in der Tat kann das zu einer Gefahr werden.

Im Unterschied zu diesen sachkundigen Brüdern freue ich mich zunächst einfach daran, daß Menschen öffentlich Beachtung finden, die Jesus Christus Wunder zutrauen —

so, wie es im vergangenen Jahrhundert Vater und Sohn Blumhardt getan haben. Ich hoffe, der in der Jesus-people-Bewegung entstandene Glaube wird unabhängig von Wundergeschehnissen andauern und fortwirken. Aber, wie gesagt, wir wollen die Bewegung „mit liebender Sorge begleiten".

(Anmkg. d. Red.: Die Stimmen von Thielicke und Döpfner sind der „Bunten" [Nr. 1, 72], die Antworten von Scharf der „Deutschen Zeitung" [Nr. 49, 71] entnommen.)

XII. Hamburger Pastor begegnet Jesus people in USA

Reiseeindrücke — September 1971 — von Dr. theol. Fritz Laubach, Leiter der Freien evangelischen Gemeinden in Hamburg und Schleswig Holstein

Bricht im Raum der Gemeinde Jesu eine neue Bewegung auf, so besteht immer die Gefahr, daß wir sie zu rasch und zu einseitig danach beurteilen, ob uns hier eine Ausdrucksform geistlichen Lebens begegnet, die uns vertraut ist. Ist das nicht der Fall, schreiben wir sie als „unbiblisch" ab, oder kommen zu dem Beschluß, daß eine solche Bewegung nur vorübergehend unter dem Segen des Herrn stehen könne. Und unter den „Jesus people" begegnet uns vieles, was uns fremd erscheint, besonders uns Europäern! Da ist viel Lärm, mehr lebendiger Ausdruck der Empfindungen und Gefühle, als wir das in unseren Gemeinden kennen, mehr Enthusiasmus; keine erstarrten Formen — ja, eine spürbare Ablehnung aller in früheren Generationen festgelegten Formen, nicht allein in der Gemeinsamkeit geistlichen Lebens, auch im Benehmen der Jugendlichen.

Vom Gefühlsrausch bis hin zum nüchternen Bibelstudium

Dem Verzicht auf möglichst jede Form von Organisation entspricht eine große Freiheit und Zwanglosigkeit im Umgang miteinander. Aber es ist eine Offenheit voreinander spürbar, die Bereitschaft zu völliger Wahrhaftigkeit, eine Unmittelbarkeit des geistlichen Lebens — und mehr Sorge und Verantwortungsbewußtsein für die Verlorenen, als wir das weithin unter unseren Gemeindegliedern finden. Der Charakter der Versammlungen dieser Jugendlichen, der „Kids", ist ganz unterschiedlich: er reicht vom Gefühlsrausch in ekstatischen Gebetsversammlungen, wie sie in Pfingstgemeinden abgehalten werden, über die „World Christian Liberatio Front" in Berkely/Calif., eine Gruppe junger Menschen, die eine große Schriftenmissionsarbeit entfaltet, bis hin zum intensiven, nüchternen Bibelstudium des Römerbriefes, wie es Kenneth M. Meyer, Pastor der größten Freien evangelischen Gemeinde Rockford/Ill., mit etwa 30 Hippies jeden Montagabend in einem Jugendzentrum durchführt. Wo die jungen Leute der Jesus-Bewegung Unterstützung von Gemeinden finden, eröffnen sie Teestuben oder Jugendcafés, geben eigene Zeitungen heraus (z. B. Hollywood Free Paper) oder verkaufen selbstentworfene und selbsthergestellte Plakate (Posters). Zu erkennen sind die Anhänger der „Jesus people" oft an den evangelistischen Parolen wie „Jesus liebt dich" oder „Jesus macht frei" u. ä., mit denen sie ihre Kleidung bedrucken oder ihre Autos anmalen.

Ungewohnte Ausdrucksformen

Wir als Christen mit einer kirchlichen oder freikirchlichen Tradition haben Mühe, uns in einer solchen Versammlung zurechtzufinden, wo junge Männer mit langen Haaren und Bärten, mit Blue Jeans und Sandalen, einem offenen Hemd über der Hose, mit einer Kette um den Hals und Armspangen, und junge Mädchen in kurzen Hosen, barfuß und mit offenen Haaren, nicht auf den im Raum vorhandenen Stühlen sitzen, sondern auf dem Teppich sitzen oder liegen, ihre Bibel lesen, miteinander darüber sprechen und zusammen beten. Aber wenn sie dann auf die Straßen gehen, Traktate verteilen, mit anderen über Jesus sprechen, sich um die Rauschgiftsüchtigen kümmern, dann spüren wir, daß hier junge gläubige Menschen, zum Teil gerade erst bekehrt, unmittelbar Zugang zu den Jugendlichen auf der Straße finden. Es gibt eine Vielzahl kleiner Gruppen innerhalb der Jesus-Bewegung, die in der Ausdrucksform ihres geistlichen Lebens ganz unterschiedlich sind; man darf dabei nicht den Unterschied in der Wesensform der Amerikaner im Westen und im Osten des Kontinents übersehen, auch nicht den Unterschied in Erziehung und Schulbildung der jungen Menschen.

Amerikanische Jugend-Kultur

Die „Jesus people" sind nur zu begreifen auf dem Hintergrund einer „Jugend-Kultur", wie sie sich in den letzten 8—10 Jahren unter Hunderttausenden von jungen Menschen in den USA entwickelt hat. Die Erwachsenengeneration der hoch industrialisierten Gesellschaft der USA ist durch ihre grundsätzlich materialistische Einstellung gekennzeichnet, deren einziges Ziel die Vermögensbildung war. Das einseitige Streben nach Erfolg, Geld, Anerkennung und materieller Bequemlichkeit hat als Folgeerscheinung zu vielen unglücklichen Familien geführt. Das bekannte Lächeln der Amerikaner ist vielfach unecht. Die junge Generation spürt, daß hinter der Fassade eines gesicherten Daseins sich sehr viel Unsicherheit, Einsamkeit und Leere verbirgt. Im Gegensatz zu dieser Gesellschaftsform haben die jungen Menschen eine „Contra-Kultur" entwickelt, die das Streben nach Wohlstand verneint. Das Kennzeichen der „Contra-Kultur" ist die Rebellion gegen die bestehende Gesellschaftsform und eine Rastlosigkeit, mit der Hunderttausende von jungen Menschen sich auf den Weg über die Straßen ihres Kontinents gemacht haben.

Besonderes Kennzeichen: Musik

Das besondere Kennzeichen der „Jugend-Kultur" ist die Musik. Texter und Komponisten, Sänger und Musiker bedeuten für die Jugendlichen das, was Priester und Könige für Menschen früherer Jahrhunderte waren. Weitgehend wird diese Musik von jungen Menschen dargeboten, Musik wird zur Brücke zum Menschen. Die Jugendlichen identifizieren sich mit der Musik; hier hört Jugend auf Jugend, und mit der Musik verkünden sie eine Botschaft, die in ihren Liedern immer wiederkehrt: Hoffnung — Liebe — Wahrheit — Friede. Mit Liedern von der Hoffnung wollen die jungen Menschen ausdrücken, daß eine nur irdisch-materialistische Existenz nicht alles sein kann, was den Men-

schen erfüllt. Die Lieder von der Liebe sind ein Protest gegen die Manipulation des Menschen in der Industriegesell-
schaft, in der er entpersönlicht wird, Ausdruck der Sehnsucht, daß doch einer da sein möchte, der sich wirklich um
sie kümmert. Singen sie von der Wahrheit, so fragen sie
nach der Ganzheit unseres menschlichen Lebens: ob ein
Mensch das lebt, was er sagt. Dort, wo das Thema Friede
auftaucht, ist deutlich eine Linie zu erkennen, die von der
Bergpredigt über den indischen Freiheitskämpfer Mahatma
Gandhi zur gewaltlosen Revolution führt, wie sie Dr. Martin Luther King verkündete. Alles miteinander: Hoffnung
— Liebe — Wahrheit — Friede hoffte man im Gebrauch
der Drogen zu finden. Gegenwärtig zerbricht die Jugend-
Kultur. Unzählige junge Menschen sind mit Sex und Drogen überfüttert. Was sie erhofft haben — Erfüllung ihrer
Sehnsucht, ein sinnvolles Dasein, ist nicht eingetreten. Die
Möglichkeit neuen Lebens durch Drogen haben sie nicht
gefunden. Eine Rückkehr in die althergebrachten Lebens-
formen, in eine materialistische Lebensgestaltung erscheint
ihnen nicht möglich. Sie suchen nach einer neuen Antwort.

Jugend ruft Jugend zu Jesus

Antwort auf die offenen Fragen der Jugendlichen, die
sich von den Erwachsenen alleingelassen fühlten, von denen sie sich mehr und mehr isolierten, brachte die „Jesus-
Bewegung". Sie hat verschiedene Quellen, d. h. sie ist 1969
an verschiedenen Stellen ganz spontan und unabhängig
voneinander entstanden. Eindeutig liegt ihr Ursprung nicht
nur in den Pfingstgemeinden. Junge Christen sind auf die
Straße gegangen und haben junge Menschen eingeladen.
Eines der wesentlichen Kennzeichen der „Jesus-Movement" ist die Tatsache: hier geht Jugend zur Jugend. Die
gleichen Jugendlichen, die ein Jahr zuvor ihre Freunde
zum Drogenmißbrauch verführten, versuchen jetzt, ihre
Freunde zu Jesus zu führen. In einer Zeit, in der Studenten
den Protest gegen Kirche und Rassendiskriminierung an-
führen, verwundert es nicht, daß bekehrte Studenten das

Evangelium von Jesus Christus in ihre Welt hineintragen wollen. Die Initiative ist von den Pastoren und Jugendleitern auf die Jugendlichen selbst übergegangen. Im „Drug Rehabilitation Center", einer der größten Presbyterianer-Kirchen der USA in Hollywood, waren alle Mitarbeiter dieser Jesus-Bewegung, die ich traf, zwischen 19 und 22 Jahre alt. Was im Westen der USA entstand, hat — zum Teil durch Fernsehen und Presse begünstigt — auf alle Teile der USA übergegriffen. Es handelt sich nicht um eine Massenbewegung, aber um zahllose kleine Gruppen junger, bekehrter Menschen, die andere Jugendliche für Christus gewinnen möchten. Dabei geht es immer um das persönliche Zeugnis von Mensch zu Mensch. Wenn unter ihnen von Bekehrungen gesprochen wird, wird der biblische Weg der Errettung klar verkündigt. Allein in Los Angeles bestehen etwa 40 solcher Gruppen unabhängig voneinander.

55 Prozent aller Jesus people nahmen Drogen

Nach Angaben von Bob Buchanan, Drug Rehabilitation Ministery, Hollywood, haben schätzungsweise 55 % der jungen Menschen unter der „Jesus-Movement" Drogen genommen. Nur ein Teil von ihnen ist wirklich rauschgiftsüchtig gewesen. Viele von diesen jungen Menschen haben durch die Bekehrung zu Christus eine totale Wandlung erlebt. Die meisten dieser bekehrten Hippies, die bisher nur von einer gelegentlichen Beschäftigung lebten, suchen sich nach der Entscheidung für Christus Arbeit und feste Unterkunft. Das ist gegenwärtig in den USA nicht einfach, da Mangel an Arbeitsplätzen vorhanden ist und eine gewisse Skepsis der Älteren gegenüber den jungen Menschen von der Straße besteht. Ich begegnete einem 19jährigen Mädchen, das vier Jahre hindurch Heroin gespritzt hatte. Sie war mehrfach im Krankenhaus gewesen, die Ärzte hatten sie aufgegeben. Jesus hat dieses Mädchen freigemacht, ohne daß sie durch eine körperliche Krise hindurchging wie manche andere, die sich vom Rauschgift lösen. Ich lernte einen jungen Mann kennen, der seit seiner Bekehrung je und dann in der Anfechtung noch Marihuana nimmt. Er bekennt seine Schuld vor dem Herrn und weiß, daß er auf die geistliche Hilfe einer tragenden Gemeinschaft angewiesen ist. Tatsache ist, daß junge gläubiggewordene Menschen da sind, die ihm diese Gemeinschaft gewähren. Alle diese jungen Leute haben im Evangelium Antwort auf ihre Fragen und Erfüllung ihrer Sehnsucht gefunden. Das Wort Gottes gewinnt in ihrem Leben Gestalt, aber eben inmitten ihrer „Jugend-Kultur": mit langen Haaren und Rock-Musik. Mir wurde berichtet, daß Bemühungen im Gange sind, das Neue Testament in die Ausdrucksform und Sprache dieser „Jugend-Kultur" zu übertragen und als „Letters to the Street People" (Briefe an die jungen Menschen auf der Straße) herauszugeben.

Typische Merkmale der Jesus-Bewegung:

So unterschiedlich Strukturen und Ausdrucksformen der vielen einzelnen Gruppen innerhalb der „Jesus-Movement" sind, weisen sie doch einige Kennzeichen auf, die allen gemeinsam sind:

1. Jesus steht im Mittelpunkt

Im Zeugnis dieser jungen Menschen steht Jesus im Mittelpunkt. Es besteht kein Zweifel, daß hier Menschen in ganz neuer Weise erfahren haben: Jesus Christus allein schenkt uns ewiges Leben und Befreiung von der Macht der Sünde. Wie in urchristlicher Zeit legen sie Zeugnis ab: „Es ist in keinem andern das Heil, es ist auch kein anderer Name unter dem Himmel den Menschen gegeben, durch den wir gerettet werden" — als allein der Name Jesus!

2. Junge Leute studieren die Bibel

Diese jungen Leute studieren mit einem Eifer die Bibel, der uns überrascht und beschämt. Sie halten sich gegenseitig persönlich dazu an und verwenden täglich allein und gemeinsam mehrere Stunden darauf, um die Bibel zu lesen, darüber zu sprechen, sich gegenseitig zu besserem Verstehen zu verhelfen. Weitgehend geschieht das ohne Anleitung von außen. Hier wird die Bibel wieder ernst genommen. Diese jungen Menschen lehnen die moderne Philosophie und Theologie als intellektuelle Spielerei ab; sie wissen, daß der Rationalismus eine Haltung gefördert hat, die alles Übernatürliche ablehnte und zu destruktiver Bibelkritik führte. Durch die Annahme der Bibel als Gottes Wort wird die Nachfolge im biblischen Sinn mit ihrer absoluten Ethik wieder verkündet und gelebt.

3. Gemeinsames Leben

Ein besonderes Kennzeichen der „Jesus people" ist das gemeinsame Leben. In Amerika sind tatsächlich manche Kirchen nicht viel mehr als soziale Vereine gewesen; die „Gemeinschaft des Heiligen Geistes" hat gefehlt. In der Jesus-Bewegung ist sie da: man sagt nicht nur, daß man einander liebhat. Die jungen Leute haben Zeit füreinander. Hier versucht jeder, sich um den Nächsten zu kümmern. Man tauscht seine Probleme, seine Nöte und Freuden miteinander aus, man betet füreinander. In der Penninsula Bible Church in Paloa/Calif. versammeln sich sonntags ungefähr 1200 Menschen im Gottesdienst, davon etwa 1000 unter 25 Jahren. Mehr als die Hälfte dieser jungen Menschen kommt aus der Jesus-Bewegung. Die Älteren nehmen die Jüngeren auf, die jungen Leute wissen, daß sie die Liebe der Alten brauchen. Wenn während des Gottesdienstes das Opfer erhoben wird, sagt der Pastor: „Wir sind eine Familie! Wer Geld hat, legt das Geld ein, wer kein Geld hat, darf sich 10 Dollar für den nächsten Tag aus der Kollekte nehmen!" Es wird deutlich gesagt: Nicht mehr als 10 Dollar; wer dennoch mehr nimmt, muß das allein vor Gott verantworten. In dieser Gemeinde wird beispielhaft deutlich, daß echte Gemeinschaft der Gläubigen die Antwort auf das unbefriedigte Suchen vieler Menschen ist.

4. Warten auf Jesus

Die jungen Menschen, die zu dieser Bewegung gehören, warten auf den wiederkommenden Herrn. Wohl selten sind bisher Menschen so nachdrücklich auf die baldige Wiederkunft Jesu aufmerksam gemacht worden wie die Amerikaner durch das Zeugnis der „Jesus people". Diese jungen Christen rechnen zuversichtlich damit, daß Jesus Christus bald wiederkommt — und sie freuen sich darauf!

5. Glühende Retterliebe

Der Glaube an Jesus Christus und die Erwartung seiner baldigen Wiederkunft entfacht in der Jesus-Bewegung den Eifer für die Evangelisation. Nichts ist ihnen so dringlich, wie die Errettung verlorener Menschen aus Sünde und Schuld. Im Gebet und Zeugnis der jungen Menschen wird deutlich, daß sie wirklich an das Verlorensein der Verlorenen und das Gerettetsein der Geretteten glauben. In diesen Kennzeichen sind sie ganz klar biblisch ausgerichtet.

Durchbruch des Heiligen Geistes oder menschlicher Enthusiasmus?

Stellen wir die Frage: Handelt es sich um einen Durchbruch des Heiligen Geistes oder um menschlichen Enthusiasmus? Dann müssen wir antworten: sicher ist beides vorhanden. Die positiven Kennzeichen dieser Bewegung lassen sich nicht nur menschlich erklären, sondern sind eindeutiges Zeugnis des Wirkens des Geistes Gottes. Aber wo der Heilige Geist Bewegung schafft, wird der Widerstand des Satans nicht ausbleiben. In der „Jesus-Movement" liegen einige Gefahren:

Soziale Verantwortung?

1. Der Sinn für geschichtliche Zusammenhänge und soziale Verantwortung für Staat und Gesellschaft ist nicht ausreichend vorhanden. Eine junge Christin sagte mir:

„Geschichte ist eine Angelegenheit der etablierten Gesellschaft." Diese Antwort ist kennzeichnend für viele Glieder
der „Jesus-Movement". Weitgehend hat man noch nicht er-
kannt, daß Gott als der Herr der Geschichte in den geschichtlichen Berichten der Bibel und in der Geschichte
der Gemeinde Jesu durch fast 2000 Jahre uns Anschau-
ungsunterricht gibt für die Offenbarung seines Willens
und die Führung durch den Heiligen Geist. Die Geschichte
des Volkes Gottes ist nicht nur eine „Summe von Irrtü-
mern", gegen die die jungen Menschen protestieren möchten, sondern wir können unendlich viel aus der Geschichte
lernen, was uns hilft, Fehler zu vermeiden. Die Erwartung
der baldigen Wiederkunft Jesu darf nie dazu führen, daß
uns die Verantwortung gegenüber den Mitmenschen, auch
in den größeren Zusammenhängen von politischer Gemeinde, Volk und Staat gleichgültig wird.

Jugendlicher Enthusiasmus

2. Der jugendliche Enthusiasmus birgt in sich die Gefahr,
daß man sich selbst und seine Erfahrungen in den Mittelpunkt stellt und auch die Bibel nur noch unter dem
Blickwinkel des ganz persönlichen Erlebens liest. Die „Jesus-Movement" ist eine Bewegung von Gläubigen außerhalb der bestehenden Kirchen. Die Gefahr, sich selbst zu
wichtig zu nehmen und die neue Art des Glaubenslebens
absolut zu setzen, ist groß. Die „Jesus peoples" sind nicht
der ganze Leib Christi, sie brauchen notwendig die Ergän-
zung durch die Christen anderer Kirchen und Gemeinden,
um nicht einseitig zu einer Sekte zu werden.

Gleichlautende Zeugnisse

3. Die Zeugnisse der jungen Menschen sind oft sehr
gleichlautend. Man hört sie berichten von der Befreiung,
die sie erfahren haben, und dem Glück, das Jesus ihnen geschenkt hat, weniger aber von den ernsten Worten Jesu
über Nachfolge und Leiden. Das birgt die Gefahr in sich,

daß bei den Hörern der Eindruck entsteht, Jesus Christus sei nur dazu gekommen, um uns ein glückliches Leben zu bringen. Vielfach erscheint Jesus nur als der, der unsere Sehnsucht stillt. Echte Bekehrungen können aber nur dort geschenkt werden, wo deutlich gesagt wird, daß wir als Sünder vor Gott verloren sind, daß Jesus Christus am Kreuz unsere Schuld gesühnt hat und wir durch das Blut Jesu gerettet werden.

Show-Geschäft

4. Gerade in Amerika besteht die Gefahr, daß sich das Show-Geschäft dieser Bewegung bemächtigt, daß ungläubige Reporter die „Jesus-Movement" als eine religiöse Sensation verzerrt darstellen. Dadurch können fruchtbare Ansätze geistlichen Lebens, die irgendwo sichtbar werden, in falsche Bahnen gelenkt oder im Keim erstickt werden. Ansätze dafür sind in der Rock-Oper „Jesus-Superstar" gegeben. Dieses umstrittene Werk, das den Leidensweg Jesu darstellt, hat nichts mit der Jesus-Bewegung zu tun.

Die Frage für die Zukunft ist: Wie wird es weitergehen? Eine geistliche Bewegung kann nicht nur vom Enthusiasmus leben. Die Frage an die Christen der älteren Gemeinden lautet: Können die organisierten Gemeinden diese jungen Christen mit Liebe und Geduld aufnehmen, ihnen zu einer reifen geistlichen Erkenntnis der Heiligen Schrift helfen und in der Nachfolge glaubhaft vorangehen, in der Jesus nicht nur der Heiland, sondern auch der Herr ist?

XIII. Führt Gott ein gesichertes Leben?

Dieser Artikel erschien in fast allen Jesus-people-Zeitungen; er charakterisiert das Glaubensverständnis der Jesus people

Am Ende aller Zeiten hatten sich Milliarden von Menschen auf einer großen Ebene vor Gottes Thron versammelt. Einige Gruppen in den vorderen Reihen waren in eine erhitzte Diskussion verwickelt — nicht in kriecherischer Furcht, sondern in kriegerischer Aggression.

„Wie kann Gott es wagen, über uns zu richten?" „Was weiß er denn schon vom Leiden?" keifte eine lustige Brünette. Sie schob einen Ärmel zurück und auf ihrem Arm wurde eine eintätowierte Nummer aus einem Nazi-KZ sichtbar. „Wir mußten Terror, Schläge, Qualen, Tod erdulden!"

In einer anderen Gruppe schob ein schwarzer Mann seinen Kragen herunter. „Was haltet ihr davon?" fragte er, als eine häßliche Spur an seinem Hals sichtbar wurde, die von einem Seil herrührte. „Wir wurden gelyncht aus keinem anderen Grunde als dem, daß wir schwarz sind! Wir sind in Sklavenschiffen erstickt, von unseren Familien getrennt und gequält worden, bis wir durch den Tod befreit wurden."

Über die ganze Ebene hinweg gab es Hunderte dieser Gruppen. Jede hatte eine Klage vorzubringen gegen Gott, der dieses Unrecht und Leiden in der Welt zuließ. Wie glücklich er sich doch schätzen konnte, in einem Himmel zu wohnen, in dem es nur eitel Sonnenschein und Engeljubilieren und keine Tränen, keinen Hunger, keine Angst und keinen Haß gab. Was wußte Gott überhaupt von dem, was der Mensch auf dieser Erde ertragen mußte? „Gott hat jedenfalls ein recht behütetes, abgeschirmtes Leben geführt", stellten sie fest.

Deshalb erwählte sich jede Gruppe einen Führer, der aus denen gewählt wurde, die am meisten gelitten hatten.

Ein Jude, ein Neger, ein Unberührbarer aus Indien, ein uneheliches Kind, ein Mensch aus Hiroshima und ein Strafgefangener aus Sibirien. In der Mitte der großen Ebene trafen sie zu einer Konferenz zusammen. Schließlich brachten sie ihren Beschluß vor. Es war ganz einfach: Bevor sich Gott qualifiziert haben würde, ihr Richter zu sein, müßte er das erdulden, was sie erduldet hatten. Ihr Beschluß lautete: „Gott wird verurteilt, auf der Erde zu leben — als Mensch!"

Aber weil er Gott war, trafen sie einige Sicherheitsvorkehrungen, um sicherzugehen, daß er seine göttlichen Kräfte nicht benutzen könnte, um sich zu helfen:

Er sollte als Jude geboren werden.

Die Legitimität seiner Geburt sollte angezweifelt werden, damit keiner wüßte, wer wirklich sein Vater sei.

Er sollte solch einen gerechten, aber radikalen Kurs verfolgen, daß er den Haß, die Verdammung und die Versuche der „Liquidierung" jeder großen, traditionellen und etablierten religiösen Macht gegen sich aufbringen würde.

Er sollte versuchen, das zu beschreiben, was noch niemand zuvor gesehen, geschmeckt, gehört oder gerochen hat, . . . er sollte Gott dem Menschen verständlich machen.

Er sollte von seinen engsten Freunden verraten werden.

Er sollte aufgrund falscher Tatbestände angezeigt, von Geschworenen, die Vorurteile hatten, verhört und von einem feigen Richter verurteilt werden.

Er sollte erleben, was es bedeutet, total allein und von aller Kreatur verlassen zu sein.

Er sollte gequält werden und sterben! Er sollte den demütigensten Tod erleiden — mit gemeinen Dieben zusammen.

Während jeder Führer der einzelnen Gruppen seinen Teil des Urteils vortrug, erhob sich allgemeines zustimmendes Gemurmel aus der großen Menschenmenge. Als schließlich das Urteil gesprochen war, wurde es totenstill. Kein Mensch sagte ein Wort. Keiner rührte sich von der Stelle. Plötzlich wußten sie es alle . . . Gott hatte sein Urteil schon verbüßt . . .

„So sehr hat Gott die Welt geliebt, daß er seinen einzigen Sohn gab, auf daß alle, die an ihn glauben, nicht verloren werden, sondern das ewige Leben haben." Joh. 3,16.

„Es sei denn, daß ihr von neuem geboren werdet, so werdet ihr das Reich Gottes nicht sehen", sagt Jesus.

Gesucht:

Jesus von Nazareth

Sohn Gottes, Messias, Herrscher aller Herrscher, kommender Weltenrichter. Bekannter Anführer einer Befreiungsbewegung. Gesucht wegen folgender Anklagepunkte:

● Verbreitung von scheinbar apolitischen auf das Individuum bezogene Lehren, die sich aber schon nach kurzer Zeit als politische Zeitbombe erwiesen. ● Schlägerei mit Händlern im Tempel, die mit dem Glauben Geschäfte machen wollten. ● Vergebung von Sünden, Heilung von Kranken, Auferweckung von Toten. ● Sympathie für Hippies, Bartträger, Nicht-Bartträger, Linke, Rechte, rechte Linke, Bürgerliche, Pseudo-Bürgerliche, nach Realität Suchende. ● Behauptet, der einzige Vermittler zwischen Gott und Mensch zu sein! ● Bietet geistliche Wirklichkeit in einer materiellen Welt. ● Behauptet, vom Tode auferstanden zu sein. ● Behauptet, auf Wunsch in das Leben des einzelnen einzutreten. Anhänger sind erheblichen Wandlungen ihres Lebens ausgesetzt. ● Vorsicht — dieser Mann ist äußerst gefährlich. Seine provozierenden Aussagen werden von jung und alt angenommen, obwohl vielen gelehrt wird, ihn abzulehnen. Er verändert Menschen und gibt ihnen wahres Leben.

Warnung: Er ist noch immer in Freiheit!

BÜCHER VON GÜNTHER KLEMPNAUER:

Trip zur Seligkeit
Zwischen Sucht und Sehnsucht
R. Brockhaus Paperback, 2. Auflage, 128 Seiten

Über Rauschgift und seine Gefahren konnte man in den letzten Jahren viel lesen, aber wenig von Ärzten, die sich dazu aus
der Sicht des christlichen Glaubens äußern. Günther Klempnauer, einer der besten Kenner des Drogenproblems, hat Interviews mit einigen Ärzten geführt und Fakten mitgeteilt, die
bisher wenig bekannt waren. So wird immer wieder die Frage
diskutiert, ob es Heilung von Drogenabhängigen durch den
Glauben an Jesus Christus gibt. Klempnauer berichtet darüber
in natürlicher Weise.   „Das missionarische Wort"

Über Lebenschancen
Prominenten-Interviews
R. Brockhaus Paperback, 3. Auflage, 160 Seiten

„Fragen, die ihm als Pädagogen von der Jugend gestellt werden, hat Günther Klempnauer an prominente Politiker, Kir-
chenführer, Schriftsteller, Physiker oder Psychologen weitergegeben. In seinen Interviews ‚Über Lebenschancen' werden
Antworten zur Sexualität, Rauschgiften, Religionen, Philosophie, Technik, Theologie oder Rüstung gegeben, die über-
einstimmend aus tiefer christlicher Gläubigkeit erteilt werden.
Jeder der befragten Persönlichkeiten vermeidet das Angebot
einer Patentlösung, aber viele Leser werden Fingerzeige zur
Bewältigung ihrer eigenen Probleme finden können."
                Das neue Buch in „Südwest Presse"

Jugend Aktuell
Anspiele, Bekenntnisse und Reportagen aus aller Welt
R. Brockhaus Taschenbuch 163, 3. Auflage

Als Religionslehrer kennt Günther Klempnauer die Sorgen und
Probleme der jungen Generation. Sein Buch bietet Jugend-
lichen und Erwachsenen Hilfe bei der Beantwortung ihrer
Fragen.

R. BROCKHAUS VERLAG WUPPERTAL